I0705396

ENRIQUE GÓMEZ CARRILLO

EL EVANGELIO DEL AMOR

EL EVANGELIO DEL AMOR
ENRIQUE GÓMEZ CARRILLO

©Astria Ediciones
Diseño de portada: Andrea Rodríguez—Mariana Turcios
Supervisión Editorial: Óscar Flores López
Administración: Tesla Rodas y Jessica Cordero
Director Ejecutivo: José Azcona Bocock

Primera edición
Tegucigalpa, Honduras—Marzo de 2025

CAPÍTULO I: ENTRE EL DESEO CARNAL Y LA PUREZA ESPIRITUAL

Después de permanecer una semana entera arrodillado en un ángulo del locutorio, sin comer ni beber, orando día y noche ante una imagen milagrosa del Pantokrator, el joven solitario fue admitido en la estrecha celda del higúmeno Teodoro, el de las barbas de nieve.

—Te conozco, hijo —murmuró el anciano monje, dirigiéndose al cenobita que así acudía a prosternarse a sus plantas para confiarle el secreto tembloroso de sus tribulaciones.

Y después de observar con afectuosa atención durante largos instantes su rostro moreno y seco, en el cual ardían las dos llamas ambarinas de los ojos, agregó, con voz llena de ternura:

—Eres Teófilo Constantino el tracio..., ¿no es verdad?... Sé que vives en los acantilados de Kapsokaliva, en medio de penitentes venidos de todos los ámbitos del mundo en busca de la santa pureza. En nuestro monasterio hay algunos hermanos que fueron compañeros tuyos en la corte de Bizancio, y que, como tú, huyendo de las tentaciones, esperan encontrar en este retiro la paz del espíritu.

En aquella época, en efecto, un recio soplo de misticismo conducía a muchos bizantinos de alta alcurnia hacia las soledades del cenobio o hacia las austeridades del claustro, llevándolos de preferencia a la Santa Montaña del Athos, donde solo los frailes y los anacoretas tenían derecho a establecerse. En las grandes congregaciones de la comarca, en Lavra, en Vatopedi, en Ivirón, los superiores se enorgullecían señalando, entre sus rebaños, numerosas ovejas escapadas de aristocráticos y hasta de principescos rediles. El recuerdo de que san Atanasio había edificado una de aquellas fortalezas espirituales por orden del emperador Nicéforo Focas, cuando este se proponía huir para siempre de las asechanzas del demonio, y de que Estéfano de Serbia había abandonado su trono para ir a morir beatamente bajo los artesonados de Chilandari, daban a todo el pueblo claustral de la península Calcídica un abolengo regio.

Pero si el conde Teófilo Constantino había preferido tal retiro a los de Egipto, de Siria o de Mesopotamia, entonces todavía poblados de cabañas místicas, no era por su prestigio, ni menos aún por las riquezas artísticas de sus conventos, sino por ser aquella la única tierra del universo en la cual jamás una hija de Eva había puesto sus plantas pecadoras. «Salvo la Virgen María, que suele, en las noches de luna, bendecir nuestros esfuerzos, ninguna otra mujer ha contemplado los muros de nuestros conventos», decía el santo cronista de la comarca. Y la ley era tan severa en este punto, que porque cierto día, uno de los anacoretas de Kapsokaliva, enloquecido por los consejos del espíritu malo, había caído en la sacrílega tentación de predicar en la Santa Montaña pidiendo que se permitiera a las monjas de Palestina fundar un monasterio en el Athos, bajo la advocación de santa Melania, sus compañeros de penitencia lo habían lapidado, abandonando luego su cadáver a los chacales del monte, hasta que el piadoso Eleuterio, al enterarse de la tragedia, tomó la misericordiosa iniciativa de hacer enterrar sus despojos en el lugar en que se sepultaba a los legos.

—Háblame, dime tu vida, dime tus congojas —murmuró el anciano higúmeno poniendo su mano exangüe sobre la cabeza rizosa del joven anacoreta.

—Padre, padre, soy el más miserable de los pecadores...

Y con acento exaltado, comenzó a referirle su existencia.

Había nacido en Tracia, en las cercanías de Heraclea, en el seno de una noble y rica familia de estirpe romana. En los tiempos aciagos en que el emperador Juan Dukas peleaba como un leopardo por reconquistar el trono de Bizancio, su abuelo Krisantos, el de los brazos de hierro, había obtenido, en feudo hereditario, la más envidiable baronía de las riberas de Agatópolis. De su infancia, transcurrida entre los muros de un inmenso castillo, no conservaba sino el recuerdo de la dura y poética educación a que lo sometiera, desde la edad de diez años, el escudero que, a falta de su madre muerta y de su padre siempre empeñado en lejanas empresas militares, dirigía sus primeros pasos varoniles.

Los días los pasaba entre los murallones bajos del patio de armas disparando venablos contra el tronco de algún olivo, cabalgando un potrillo negro o dando mandobles con una espada minúscula a un muñeco de trapo que colgaba de un patíbulo. Por la noche, después de orar con fervor en la capilla, escuchaba en el atrio de la cocina las historias maravillosas de gentiles capitanes, de damiselas encantadas y de ancianos taumaturgos, que un dulce juglar de luengas melenas rubias refería a los pajes y a los criados. Así transcurrieron dos lustros, al cabo de los cuales, una mañana de primavera, en presencia de todos los castellanos de los contornos y bajo el patronato del obispo de Tesalónica, su señor padre, que acababa de volver de una larga expedición por los montes de Armenia, le dio el espaldarazo ritual para armarle caballero en nombre de nuestro Señor y con la ayuda mística del Cisne, de la Licorna y del santo grial.

«Gentil amo —le dijo entonces el preceptor, poniéndole la cota de malla y mojándole el cuello con las lágrimas de sus ojos—, gentil amo mío, aquí os veis ya convertido en paladín y digno de aspirar a la alta gloria de Héctor de Troya o de Diógenes Akritás. Y tanta confianza pongo en vos, en vuestra bravura, en vuestra fortaleza, en vuestro amor de Jesús, que no vacilo en asegurar que seréis el guerrero anunciado por las profecías del monje Juan Xifalonio para limpiar de infieles las comarcas del Imperio. Vuestro padre y mi señor, al permitiros que toméis hoy mismo el camino de Bizancio para poneros al servicio de los Basileos Andrónico y Miguel, dispénsame la gran merced de autorizarme a acompañaros. Y para mejor serviros, me ofrece esta espada con la cual vuestro abuelo Aldardo salvó de la muerte a su amigo Libistros. Ahora a vos os toca, amo, declarar ante esta noble asamblea si estáis conforme con lo dicho, o si algo más queréis pedir».

El nuevo caballero, que cumplía aquel día los veinte abriles, besó las manos del patriarca y las de su padre, se inclinó, gentil, ante cada una de las damas que asistían a su sacro, saludó reverentemente a los caballeros y, al fin, abrazando a su ayo, le dijo con voz quebrantada por la emoción:

«Satisfecho estoy, y lo único que a ti te pido, amigo bueno, buen mentor, es que con esa espada que mi señor padre te ha dado para defenderme, me cortes la cabeza si en algún trance me ves huir ante los adversarios, por numerosos que sean».

La comitiva, después de aprobar tales palabras, se retiró a la sala de los festines, mientras el joven Teófilo Constantino, montado en un corcel blanco que una rica gualdrapa de paño de oro adornaba, emprendía la marcha hacia Bizancio, acompañado por algunos servidores que cabalgaban en altos palafrenes.

El juglar, deseoso de no separarse de su joven protector, iba a su izquierda, hablándole, enardecido por las libaciones, de todo lo que en su memoria constituía el esplendor de la capital, y que no era, por cierto, ni Santa Sofía con sus ceremonias, ni los desfiles militares de la Vía Triunfal, sino el Hipódromo y sus cortejos de soberbias cortesanas, las representaciones teatrales en que las mimas y los mimos reproducían rítmicamente los gestos del eterno drama de amor y de placer de que hablan los poetas, las orgías magníficas en las cuales las esclavas bailaban desnudas bajo una lluvia de rosas y, sobre todo, las tardes de

Prinkipo en que las parejas idílicas celebraban, entre las enramadas primaverales, los oaristis temblorosos.

«El ánima de Teócrito —le decía— parece animar esas reuniones de bellas y de galanes, cuyas bocas, al hablar de amor, tienen fervores de preces».

El conde apenas parecía oír aquellos discursos. Pero si alguien hubiera podido, entre el polvo de la ruta, observar su rostro pálido cuando el rubio poeta evocaba así los fastos de la existencia de la corte, se habría asombrado de las llamas fosforescentes que se encendían en sus pupilas.

El viejo escudero, más discreto y más ingenuo, esperaba los descansos y las lánguidas charlas de sobremesa en las ventas del camino, para disertar sobre el honor, el heroísmo y la gloria.

«Vais a entrar al servicio de los emperadores —exclamaba—, y como en los momentos actuales la nación necesita capitanes esforzados para imponer respeto a sus adversarios, no tardaréis en obtener los más altos grados en el ejército y la más envidiable situación en Blanquernas».

Con todas estas imágenes confusas y halagadoras, el joven entró en Bizancio tan lleno de ilusiones como de apetitos.

El prestigio de su abolengo guerrero bastó para que las puertas de los magnates imperiales se abrieran ante él.

El Imperio se encontraba entonces en uno de los momentos más críticos de su historia, y el alma orgullosa de la aristocracia sangraba ante las humillaciones últimamente padecidas.

Poco tiempo antes, Pedro López y Pedro Siscar, oficiales de la compañía de los almogávares acampada en Galípoli, se habían presentado ante los muros del Palacio Sagrado para desafiar, a voz en cuello, después de acusar a los Basileos de ser los asesinos de Roger de Flor, a los oficiales bizantinos en debida regla, proponiéndoles una pelea de diez contra diez o de ciento contra ciento.

Para vengar tamaña afrenta, el populacho había organizado en el acto una matanza de españoles, en la cual pereció el almirante Ferrando de Aunés.

Pero esto no bastaba. Era necesario que un ejército formidable tomase por asalto las plazas en que los francos se hallaban atrincherados, y que la cabeza del megaduque Berenguer de Rocafort fuese colgada en una puerta de las murallas de Manuel Comneno.

Miguel IX acababa de plantar sus tiendas imperiales en Panfilia, y sus generales reunían las fuerzas de todo el país para llevarlas al campamento sagrado.

Teófilo obtuvo en el acto el mando de un tercio y, al cabo de dos meses de existencia bizantina, partió hacia Branchiale, donde el gran heteriarca Nostongos Dukas, secundado por el jefe de los Alanos Boesislas de Bulgaria, se preparaba, sin prisa, a atacar a los españoles.

«Tenéis tiempo, señor, según las trazas —le dijo su fiel escudero—, de conocer el terreno».

Pero a la madrugada siguiente, cuando aún no había descansado siquiera de las fatigas del camino, una salida de los sitiados determinó la terrible batalla en que los imperiales, perseguidos por los almogávares, tuvieron seis mil jinetes y otros tantos peones muertos, sin contar infinito número de heridos.

Entre estos se halló el conde Teófilo Constantino, que, después de haber arrebatado dos veces la bandera de san Jorge a Jiménez de Albero, cayó de su caballo, derribado por un golpe de maza, y no escapó con vida sino gracias a una cantinera, que, enternecida ante su belleza, lo escondió en su carro de vituallas.

Al recobrar las fuerzas en una hostería de Bizancio, donde su escudero y su juglar lo habían cuidado con admirable solicitud, ya el emperador Miguel, después de pelear como un tigre en la batalla de Apros, había levantado el sitio de Galípoli, dejando a los almogávares dueños de invadir toda Macedonia y de encaminarse hacia Atenas.

Cuando pudo salir y visitar a las nobles familias con las cuales se hallaba relacionado, notó que la aristocracia, sin rencores y sin piedad, no parecía acordarse siquiera de las humillaciones sufridas por la nación griega.

Las únicas preocupaciones cortesanas eran el amor, la codicia, el lujo, el placer, la devoción y la vanidad.

A cada instante estallaba un escándalo causado por el adulterio de alguna dama o la fuga de alguna damisela.

Mejor que la gloria militar, se estimaba la elegancia, la apostura y la elocuencia.

Teófilo, más feliz en la paz que en la guerra, logró desde el primer momento colocarse entre los conquistadores irresistibles de corazones femeninos.

Su distinción pálida, algo triste, y tan fina y cortés que hacía pensar en la época en que todos los galanes practicaban las enseñanzas del Libro de las Ceremonias de Constantino Porfirogeneta, fue pronto legendaria y le granjeó el afecto de las mujeres más codiciadas y más admiradas.

Al llegar a este punto de su confesión, el conde se detuvo, como temeroso de empañar la pureza de la atmósfera claustral con el fuego insano de sus recuerdos.

—Padre —murmuró—, el demonio de la carne estaba en mí...

—Habla, hijo —le contestó el higúmeno.

Después de limpiarse las lágrimas que resbalaban por sus lívidas mejillas, el anacoreta prosiguió de esta manera:

—Padre, padre, fue un vértigo, fue una pesadilla, fue una fiebre que duró cinco años, es decir, una eternidad cuando ahora pienso en ello; pero entonces, un soplo... Yo corría desolado en busca del amor que los poetas me habían hecho imaginar bello, armonioso, ardiente, puro, absoluto, y no encontraba sino el capricho, el placer y la lujuria. Yo buscaba un ángel y no encontraba sino diablesas y faunesas, o seres inconscientes, que, después de entregarse, trataban de reparar su debilidad llorando lágrimas vanas.

La primera que cayó en mis redes, atraída por la languidez de mis suspiros, era una virgen rubia, que murió luego de vergüenza, al darse cuenta de que sus padres se habían percatado de su deshonra. Yo lloré sobre su tumba, pidiendo a Dios que hiciese caer sobre mi cabeza el castigo que merecía mi culpa. Apenas fuera de la necrópolis en que la infeliz reposa aún, me encontró, en una orgía, con la más ilustre cortesana de aquel momento: Irene la de los ojos verdes, cuyas túnicas blancas escondían un cuerpo manchado por todas las infamias y todas las ignominias del diablo.

¿Cuánto tiempo permanecí preso entre las cadenas sacrílegas de su sortilegio?... Lo ignoro. Pero sé que una madrugada, después de un festín al cual nos había invitado una antigua favorita de Andrónico, la abandonó y me escapé con una esclava judía del drongario Gregoros, la cual, bailando sobre la mesa, entre las ánforas rotas, con los pies salpicados de vino y de sangre, me sedujo hasta hacerme perder el sentido.

¡Con furioso ardor adoré a aquella nieta de Salomé, en cuyas entrañas ardía la llama que funde las voluntades e incendia la médula de los machos apasionados! El aroma embriagador de su sexo me hacía delirar a sus plantas, ofreciéndole mi vida por cada una de sus caricias. Si su dueño no la hubiese hecho raptar una mañana cuando volvía de los baños, para encerrarla bajo siete llaves, creo que habría muerto de lujuria entre sus brazos...

La mano casi centenaria del santo confesor temblaba sobre los rizos del penitente.

—Padre —murmuró Máximo—, mis labios no pueden continuar enumerando aquella infinita serie de pecados... Todas las que se acercaron a mí me inspiraron horribles deseos... Lo más vil yo lo hice... Yo me arrastré entre el lodo de los pantanos carnales... Yo espanté al cielo con mis abominaciones...

Por fortuna, una tarde, en la terraza de las Siete Torres, cuando bajo los jazmineros del antiguo jardín ducal esperaba una barca que debía conducirme en secreto al palacio de cierta dama de la corte, una mano invisible me clavó un puñal en la espalda.

Al resucitar, al cabo de algunas semanas, en la casa de un sacerdote de la cercana iglesia de San Jorge, me di cuenta de que el amor no es sino un espejismo de los sentidos o un engaño de los poetas que celebran sus fastos, y me propuse no volver nunca más a correr en pos de tan peligrosa quimera.

Mi alma ingenua estaba tan envenenada por el prestigio deletéreo de los ideales ilusorios de la pasión, que, a mi pesar, continuaba acariciando el ensueño de un epitalamio digno de ser bendecido por Dios.

Una noche le confié mis angustias secretas al buen clérigo que me cuidaba.

—Ese amor que tú anhelas —me contestó—, solo Jesús es digno de inspirarlo.

Entonces sentí que el Señor me llamaba, y abandoné el mundo para siempre.

—¿Para siempre? —le preguntó el fraile.

Teófilo comprendió que Teodoro se refería a las voces misteriosas que últimamente le habían ordenado que abandonara el desierto, y exclamó:

—Para siempre, sí... Porque esas órdenes no pueden ser sino una ilusión de mis sentidos... ¿Es acaso posible que nuestro Señor, cuando le pido que me indique el camino de la salvación, me mande que vuelva a precipitarme en el pecado?

—Los designios de Jesús son impenetrables —dijo el anciano.

Y luego:

—¿Te acuerdas, hijo, de la historia del bienaventurado Pafnucio?

—No, padre.

—Pafnucio vivía en el desierto de la Tebaida, consagrado, como tú, a la oración, al ayuno y a la penitencia. En medio de sus preces, tuvo una noche la idea de preguntar a Jesús si sus sufrimientos y sus privaciones le habían ya hecho digno de ser comparado con alguno de los elegidos.

«Pafnucio —le contestó la voz del Señor—, tú eres menos digno de figurar entre mis elegidos que un violinista que canta en una taberna de Heraclea».

Muy sorprendido por aquellas palabras, el solitario abandonó su retiro y se dirigió a Heraclea, donde no tardó en encontrar al único músico que allí cantaba en una taberna. Y le dijo:

—Cuéntame tu vida, porque estoy seguro de que hay en ella muchos ejemplos de virtud.

El interpelado se echó a reír, apuró un vaso de vino y le contestó:

—Seguramente pretendes burlarte de mí, buen peregrino, puesto que no existe hombre más miserable que yo. Antes de convertirme en músico, fui salteador de caminos, y en compañía de otros cuantos bandoleros que formaban una cuadrilla famosa, despojé durante años y años a los viajeros de lo que llevaban.

El bienaventurado le preguntó:

—¿Eso es todo?

—Todo —le contestó el violinista, y pidió otra copa.

De pronto, limpiándose los labios con el reverso de la manga, exclamó:

—Voy a contarte la única acción buena de que me acuerdo. Una noche encontré en el campo a una mujer joven, muy guapa, con los ojos llenos de lágrimas, que parecía no saber a dónde ir. Le rogué que me explicara el motivo de su pena, y ella me confió que su amante acababa de ser encarcelado por una suma que debía al Fisco.

—¿Cuánto debe ese hombre? —le dije.

Ella me contestó:

—Trescientas piezas de plata, y si las pudiera pagar, tornaría a mis caricias y a mi amor.

En el acto le di el dinero para que rescatara a su hombre, y no volví a saber nada de ella; pero supongo que fue feliz en brazos de su amante, gracias a mí, y eso me regocija aún ahora.

El bienaventurado no comprendió nunca lo que la voz celestial había querido insinuar al compararlo con un pecador tan poco recomendable. Y, cabizbajo, se volvió a su gruta a seguir orando.

Después de estas palabras, un profundo silencio reinó en la celda.

De pronto, el sonido mate y profundo de la simandra que llamaba a la oración del crepúsculo despertó de su ensueño a aquellos dos religiosos.

—¿Qué debo hacer, padre? —interrogó el joven.

El anciano dijo:

—Volver a tu retiro de la montaña, rezar, hacer penitencia, ser humilde. Y cuando de nuevo la voz del Señor te dé una orden, obedecerla sin tratar de penetrar los designios celestiales.

—Temo, padre, haber pecado por orgullo al dirigirme directamente al Señor para preguntarle si merecía su gracia.

—Otros antes que tú han hecho lo mismo. Otros han hecho más. ¿No recuerdas que san Ignacio de Antioquía dirigió a la Virgen una carta? El esposo de santa Teodora, después de pedir a Jesús que le hiciese reconocer a su esposa, dudó de lo que oía y de lo que veía. San Alejo recibía órdenes del cielo, en voz tan alta, que sus vecinos las percibían. San Pakomio, tú lo sabes, tenía largos coloquios con el Creador, y san Schenudi, no contento con pedir, se exaltaba hasta aconsejar al Señor que fuese implacable para con los herejes.

En realidad, todos los que buscamos la perfección, por humildes, por indignos que seamos, hemos dirigido al cielo nuestras interrogaciones acongojadas. Todos hemos obtenido la gracia suprema de los consejos divinos. Lo que no todos hemos sabido es seguir esos consejos.

CAPÍTULO II: SANTIDAD A TRAVÉS DEL SACRIFICIO

El conde Teófilo Constantino Niforos, de vuelta en su escarpada montaña de penitencia, se repetía a menudo las últimas frases del docto superior del monasterio de Lavra:

«Todos hemos oído —murmuraba—, pero no todos hemos sabido obedecer».

Y en su deseo de ajustarse estrictamente, literalmente, a las instrucciones celestiales, quiso, antes de interrogar de nuevo a nuestro Señor, hacerse digno de una respuesta definitiva y clara, por la abstinencia y la oración.

La caverna en la cual había pasado ya tres años, la terrible caverna antes habitada por las hienas y los chacales, le pareció demasiado suntuosa para su cuerpo miserable. Por miedo a los escorpiones había hecho, en sus primeros días de vida cenobítica, una especie de cama de cañas y de ramas secas. Además, habíase construido una mesa, a los pies de un crucifijo, para sus frugales comidas y para sus largas lecturas.

«¡Vanidad de vanidades!» —murmuró, destruyendo aquello que él llamaba sus muebles—.

Y no guardó dentro de su madriguera sino la imagen de Cristo crucificado, en un nicho de la roca; el manuscrito de los Centones Hagio Gráficos, de Cristóbal Protobulos, en el suelo, y el cántaro en que guardaba durante semanas enteras el agua de los manantiales athonitas, colgado de una cuerda de esparto.

Luego, anhelando la mayor, la más dura, la más eficaz penitencia, se puso a leer las biografías de los santos, para buscar en ellas las sublimes embriagueces del sacrificio.

Y lo primero que encontró, en la vida de san Cleofás y san Simón, escrita por un devoto polaco, fue la parábola del extranjero, la cual, literalmente, reza:

Un mendigo vivía en Jerusalén, en tiempo del rey David, y era el último de los mendigos, jorobado y cojo de ambas piernas; y los pasantes, al encontrarlo acurrucado junto a algún pórtico, escupían sobre su cabeza, para divertirse.

Ese mendigo, un día, llegó a las puertas del palacio de un príncipe cuya esposa era la más bella dama del reino, y dijo a los criados que le preguntaron lo que deseaba:

—Quiero dar un beso en los labios a la mujer del príncipe.

Entonces, los criados soltaron a los perros para que mordieran al insolente que así hablaba.

Pero el mendigo, impasible, se sentó frente a la puerta del palacio, y cuando vio que se acercaban los más nobles señores de la ciudad para visitar al príncipe, se llegó a ellos y les dijo que estaba ahí para dar un beso en los labios a la princesa.

Y los señores, riendo, le hicieron notar su fealdad sórdida, después de lo cual, compadecidos, le dieron algunas monedas.

El mendigo continuó inmóvil ante la puerta.

Al fin, llegó el príncipe, y al verlo, el mendigo se aproximó a él y le dijo que estaba allí para darle un beso en la boca a su esposa.

El príncipe, conmovido ante la locura de aquel miserable, le contestó muy suavemente:

—Amigo, es triste que tamaño delirio haya germinado en tu mente. ¿Has olvidado que la ley de Dios nos prohíbe desear la mujer de nuestro prójimo?... ¿Ignoras que basta el deseo para cometer el adulterio? Toma mi bolsa llena de escudos de oro; diviértete según tus deseos, y no vuelvas por aquí.

Pero el mendigo rechazó la bolsa, diciendo:

—Nunca he visto a una hija de Eva tan bella cual tu esposa. Yo no soy sino un hombre pobre, y no necesito ni de placeres ni de diversiones. Solo los ojos de la princesa han incendiado mi corazón, y voy a morir aquí mismo, si el manantial de sus labios no calma el ardor de los míos.

Después de meditar largo rato, el príncipe le contestó:

—Amigo, tendrás lo que quieres, y que el Señor te juzgue si obras contra su Ley.

Y entró en el palacio en busca de su esposa, que estaba más bella que las flores del campo, y la sacó llevándola por la mano, y la condujo hacia el mendigo.

Y el mendigo le besó los labios, y su rostro miserable se transfiguró durante aquel acto.

Y hubo gran regocijo en el cielo, pues muchos son llamados y pocos son elegidos.

«Que aquel que tiene oídos, oiga».

El solitario, solo ocupado en buscar enseñanzas de penitencia, leyó la parábola sin parar en ella mientes.

En seguida, desdeñando los lirios de la bienaventuranza y las rosas del amor que crecen entre las zarzas de la penitencia, corrió tras los padres del desierto, que, desde hacía mil años, convertían todas las tebaidas en antros de torturas materiales y, más aún, de torturas morales y espirituales.

Poco a poco, a medida que leía, el sobrehumano panorama del heroísmo místico iba desarrollándose ante sus ojos deslumbrados, cual un espejismo tentador en el páramo de su alma.

Allá, muy lejos, muy lejos, en los confines de la Nitria, en el principio de las Edades cristianas, se erguía Pedro, el protoermitaño que supo vivir sesenta inviernos en una caverna, sin pronunciar una palabra y sin tomar más alimentos que los que el cielo le enviaba.

Luego aparecía Pablo, el humilde entre los humildes, a quien un cuervo le llevaba todas las mañanas un panecillo para sustentarse.

Y detrás de Pablo, buscando su enseñanza, siguiendo sus huellas, era Antonio, con quien los sátiros del monte se confesaban de sus pecados paganos, y que, antes de encerrarse en un sepulcro vacío, recorrió las vastas soledades faraónicas guiado por un lobo.

El compilador bizantino citaba a menudo la Historia Lausiaca del obispo Paladio, haciendo notar que este cronista era el único que había visitado a los padres de Siria, de Mesopotamia y de Egipto.

¡Con cuánta sed el pobre Constantino bebía las lecciones de las más duras disciplinas, aprendiendo de memoria lo que mejor le convenía para inspirar su futura existencia!

En su entusiasmo, nada se le figuraba difícil de imitar.

«Haré como Eutimio, como Salamanes, como Simeón, como Macario, como Pakomio, como Sísoes, como todos los que, padeciendo, supieron adquirir la paz del corazón».

Y durante días y días, las imágenes de sus santos modelos le acompañaron en sus meditaciones.

¡Qué cortejo tan maravilloso formaban!...

Eutimio casi no comía, y viendo que sus vecinos tenían la costumbre de dormir sentados, pasaba las noches de pie, atado con una cuerda que le sostenía durante las breves horas que el sueño le rendía.

Sísoes, deseoso de suprimir todo reposo, se sentaba durante la noche en una roca, al borde de un precipicio, y oraba en altavoz hasta que los primeros rayos del sol principiaban a dorar las arenas del desierto.

Más fácil que suprimir el sueño parece privarse del uso de la palabra.

No obstante, hay casos en que para callar es preciso llegar a un grado de heroísmo inverosímil. El de Salamanes es uno de ellos. Este solitario había construido su choza en las inmediaciones del Éufrates, en la orilla opuesta a su aldea natal. Cuando el ruido de sus milagros comenzó a darle fama en todo el Oriente, sus paisanos quisieron apropiarse un poco de su prestigio y lo llevaron a su pueblo.

Los de la otra margen atacaron a estos, y después de un mes de lucha, recobraron al solitario. Otra vez los de la aldea volvieron a raptarlo. Y otra vez los otros lo fueron a buscar con las armas. Durante todas estas aventuras, que duraron meses y meses, el cenobita no pronunció una sola palabra.

Otro ejemplo que atraía a Teófilo era el del estilita. Cuando san Simón se instaló en lo alto de una columna, creyó que así estaría más cerca del Señor. Y Teófilo murmuraba:

—Yo también subiré lo más alto que pueda.

El ejemplo de san Antonio viviendo en un sepulcro antiguo lo atraía menos, por lo vulgar en las tierras de Egipto. En efecto: los solitarios que tenían la suerte de hallar una tumba vacía se instalaban en ella llenos de satisfacción.

Pero lo que más se prestaba al ejercicio de las torturas de sí mismo era la lucha contra las tentaciones. Por huir de un deseo pecaminoso, Macario de Alejandría se metió desnudo en un pantano fétido cubierto de mosquitos venenosos, y permaneció ahí cerca de un año.

—Al salir —dice Paladio— parecía un leproso.

Otros solitarios, queriendo refrenar los malos deseos que los atormentaban durante la noche, se acostaban sobre zarzas secas, las cuales les desgarraban las carnes.

Los anacoretas que se muraban durante toda la vida, no dejando sino un agujero en una de las cuatro paredes de sus celdas para recibir por él las hierbas necesarias a su sustento, se contaban por millares, y muy a menudo, no satisfechos con vivir así enterrados vivos en un sepulcro, se encadenaban con pesadas cadenas, para no poder ni siquiera moverse.

—De este modo vivo feliz, pues en mi encierro gozo de las más inefables visiones —contestó a santa Melania un pobre anciano de Judea, que llevaba ya cuarenta años en su celda tapiada.

Al repetirse estas palabras, Constantino se sentía capaz de murarse para siempre.

Pero al mismo tiempo recordaba la confidencia de san Macario.

—Después de haber practicado todas las penitencias —dice este modelo de ermitaños—, sentí un anhelo tan vehemente de acercarme al Señor, que decidí encerrarme con su imagen y salir para siempre del mundo y de sus tentaciones.

Tapié, pues, la puerta de un sepulcro en el cual moraba, para que nadie pudiera advertir en aquel sitio la presencia de un ser humano, y a las ocho de la mañana, después de orar, me puse de pie y principié a decir a mi alma:

—Pon cuidado en no bajar del cielo. Ahí tienes a los ángeles, a los arcángeles y a los querubines: ahí tienes a los profetas, a los santos, a los bienaventurados; ahí estás cerca de nuestro Señor Jesús, autor de todas las cosas, Padre de todas las maravillas, dispensador de todas las mercedes, redimidor de todas las culpas. No te alejes de ahí. No desciendas. No te dejes atraer por las ideas viles que llenan este valle de amarguras.

Mas después de pasar así tres días y tres noches sin cesar un solo instante de exhortar a mi espíritu para que gozara de las delicias celestiales, noté que el Espíritu del Mal había concebido tal enojo contra mi determinación, que, penetrando por entre las piedras, trataba de incendiar mi celda.

Como nada había allí, a no ser mi estera, que pudiese inflamarse, comencé por no hacerle caso.

De pronto, sin embargo, me sentí rodeado de llamas que quemaban mi hábito y que cubrían de llagas mi cuerpo.

Sin moverme, continué, tranquilo, mis exhortaciones.

Pero al notar, el cuarto día, que el solo hecho de haber sentido los dolores de las quemaduras era una demostración de que no estaba en el cielo, sino en la tierra, decidí abrir de nuevo mi celda y contemplar las cosas del mundo, ya que Dios lo mandaba así.

Desgraciadamente, la roca del Monte Athos en la cual vivía, en medio de un pueblo de cenobitas, no se prestaba a reproducir de una manera exacta todas las escenas místicas de la Tebaida. Ahí, en efecto, no había ni sepulcros de piedra, ni columnas de antiguos templos, ni pantanos pestilentes.

CAPÍTULO III: LA MAJESTUOSIDAD DE BIZANCIO

A la sombra de los grandes monasterios, cada solitario vivía en una gruta, cultivando algunas hortalizas y haciendo las penitencias ordinarias, que consistían en dormir muy poco, en ayunar mucho, en caminar con los pies descalzos sobre las breñas, en permanecer largas horas arrodillados, en guardar un relativo silencio y en mortificarse y lastimarse el cuerpo con cilicios y disciplinas.

Lo único que de aquella comarca hacía una tierra única e incomparable era que jamás ninguna mujer hubiese puesto en ella los pies.

En Siria, en Palestina, en Nitria, en Mesopotamia, los santos se quejaban de que, a veces, en las noches de luna, apareciesen, para atormentarlos, los espectros de Thais, de María Egipciaca y de las otras cortesanas que habían ido a morir en el desierto.

Además, casi todo el Oriente estaba lleno de conventos de religiosas, y en algunas épocas hasta se habían visto cenobios en los cuales los penitentes tenían derecho a vivir al lado de compañeras que, como ellos, detestaban el mundo.

En la península athonita, por el contrario, el odio hacia el bello sexo llegaba a tal extremo, que ni siquiera las hembras de los animales tenían derecho allí a vivir.

Y el conde Teófilo Constantino, que había contado con tal garantía para huir de las tentaciones, murmuraba lleno de congoja:

—¿Por qué el Señor ha querido romper esta prohibición haciendo entrar, para atormentarme, el recuerdo de las que fueron cómplices de mis culpas antiguas?

Luego, redoblando su celo, se consagraba a la oración: durante noches enteras, sin dormir, arrodillado en el fondo de su gruta, a los pies de la Cruz.

Sus vecinos, en los primeros tiempos, le habían proporcionado los centones de las preces griegas y latinas más eficaces en cada caso, así como los antifonarios de los himnos propios a las diversas horas.

Todo lo sabía él de memoria, y así podía recitar, sin descanso, durante días y días, las prosas exaltadas y sutiles compuestas, a través de catorce siglos de fe, para implorar la clemencia del cielo.

Cuando, después de dos interminables meses de congojas y de torturas, creyó que el rezo y el ayuno le habían purificado el espíritu, interrogó de nuevo al Señor, diciéndole:

—Jesús, mi dueño, humildemente te suplico que me indiques el camino de la gracia.

Y la voz misteriosa que ya antes le ordenara por dos veces lo que debía hacer para agradar a Dios, le contestó:

—Vuelve al mundo y ama a la que te espera.

—Hágase tu voluntad así en la tierra como en el cielo —murmuró el solitario, enjugando dos lágrimas que rodaban por sus mejillas.

Y cogiendo su bordón de peregrino, echó a andar.

En aquellos momentos, los catalanes, capitaneados por el infante don Fernando, hijo del rey de Mallorca, se encaminaban hacia el sur en busca de tierras fértiles y de plazas bien aprovisionadas.

Detrás de ellos no quedaban sino ruinas, cenizas y cadáveres insepultos.

Tres años de saqueo, de orgía, de matanzas, de discordias, habían bastado para convertir la Tracia y la Macedonia en un desierto.

No contentos con apoderarse de las cosechas, aquellos aventureros, a su paso por las llanuras, arrancaban los árboles y talaban las viñas.

El demonio de la desolación y del crimen parecía animarlos en sus correrías de piratas desencadenados.

Galípoli, la bella ciudad que los griegos llamaban la Bizancio del Helesponto, quedaba reducida a escombros.

En sus calles desiertas, los cuervos disputaban a los chacales las carnes putrefactas de los muertos.

Toda la llanura era un osario.

Los infelices que huían despavoridos hacia Constantinopla contaban los horrores increíbles de que habían sido testigos.

Todas las mujeres, todas las niñas, habían sido violadas antes de ser asesinadas o vendidas a los turcos.

En su diabólico delirio, los hombres de Rocafort no respetaban ni las iglesias, ni los hospitales, ni los conventos.

Cuando hubieron acabado con las mozas, arrancaron a los mancebos de sus hogares para saciar en sus cuerpos la sed de lujuria sanguinaria que los poseía.

Algunos de los capitanes, antes de la llegada del infante, habían, en vano, querido calmar aquella furia criminal.

Los que se oponían a los saqueos, a las violencias, eran asesinados sin piedad.

El mismo don Fernando, lleno de espanto por lo que vio al desembarcar, empleó sus primeros días en tratar de imponer una disciplina relativa a las compañías.

—Todo esfuerzo es inútil —le dijo Muntaner.

Y, en efecto, a medida que la marcha hacia Grecia se les arrollaba en medio del tumulto y del desorden, el pobre príncipe se daba cuenta de que nada ni nadie lograría devolver al host anárquico la obediencia que Roger de Flor había sabido imponerle al principio de la campaña.

El terror que semejantes guerreros inspiraban era tan grande, que los defensores de las plazas fuertes, en vez de cortarles el paso, salían a su encuentro llevándoles los víveres de que disponían, a condición de que les perdonaran las vidas y respetaran sus viviendas.

El rey de Tesalia, Ángel Ducas, temblando ante la amenaza del espantoso azote catalán, reunía entonces el oro, la plata y los víveres que sus vasallos poseían, para brindarlos a aquellas huestes cuando pasasen por sus territorios.

Teófilo, más preocupado por sus propias penas que por las desgracias del Imperio, no veía, a su paso, ni las ruinas ni las miserias. Caminando sin descanso, atravesaba los campos desolados y las aldeas desiertas, sin pararse a contemplar el desgarrador panorama.

Habituado al ayuno, se contentaba con las mezquinas provisiones que, antes de salir de su montaña, había reunido para el camino, y solo a los arroyos les pedía el agua clara de sus linfas para saciar su sed.

Después de andar días y días cual un fantasma, se encontró, al fin, una mañana de otoño ante las puertas de la ciudad imperial.

Durante los tres años que había permanecido en el desierto athonita, en donde no se oyen nunca los rumores mundanales, nada supo de lo que pasaba en Bizancio.

¿Vivían y reinaban aún los basileos Andrónico y Miguel?... ¿Se hallaba el país en paz?

Poco le importaba, en el fondo. Por obediencia, y nada más que por obediencia, volvía al mundo, con la secreta esperanza de que, una vez probada su sumisión absoluta a los mandatos celestes, el dulce Jesús, todo misericordioso, le permitiría regresar a su caverna lejana para saborear de nuevo la bienaventuranza de las más duras penitencias.

—¡Bizancio! —exclamó, sentándose en una altura—. Sodoma, Babilonia, sitio de todas las abominaciones, heme aquí...

A pocos pasos se veían, entre cipreses oscuros, las almenas de los muros de Manuel Comneno, que los griegos creían inexpugnables.

Luego, en un inmenso espacio azul formado de cielo y de mar, se alzaba, alrededor de las altas cúpulas grises de Santa Sofía, los innumerables techos de los grandes monumentos.

Los domos dorados, esmaltados, labrados, se agrupaban en varios puntos, indicando los principales emporios de preces y ceremonias.

Cien torres blancas subían en el vacío en un maravilloso florecimiento de lirios de piedra.

Los jardines de las terrazas ponían manchas policromas en las márgenes del Cuerno de Oro, formando una alameda aérea que iba a perderse entre las lejanas frondas de Mangana.

Huyendo de tal paisaje, que solo le hablaba de sus antiguas culpas, Teófilo volvió la vista hacia el Oriente.

El sol matutino daba a las aguas del Bósforo reflejos extraños de gemas en fusión.

En el éter diáfano flotaba un polvillo irisado que parecía desprenderse de las cúpulas áureas, de los domos multicolores, de los mástiles en los cuales palpitaban las señeras imperiales.

Todo era alegría, todo era esplendor, todo era gloria en el aire.

En el puerto de Bucoleón, entre el alcázar de Pórfiro y los laureles de la Acrópolis, se apiñaban, protegidas por la cruz de San Demetrio, las galeras que, de Venecia, de Tiro, de Creta, de Corinto, de Chipre, navegando entre las islas del mar Egeo, llevaban a la ciudad incomparable el incienso para sus templos, la púrpura para sus basileos, el vino para sus festines, los perfumes, y las joyas, y las telas para sus mujeres.

Las oriflamas de todos los pueblos del Mediterráneo se confundían allí sobre el fondo celeste del firmamento.

El fatigado y triste cenobita, después de contemplar aquel espectáculo, que para él era algo así como la apoteosis abominable del pecado, cerró los ojos.

El sol de otoño acarició sus espaldas y le dio en la nuca un largo beso cálido que lo hizo estremecerse de involuntaria voluptuosidad.

Un aroma singular de flores silvestres y de hálitos marinos lo envolvió en suaves efluvios adormecedores.

Como había caminado toda la noche, sucumbió al cansancio, apoyando su hermosa cabeza hirsuta contra la tapia de un huerto.

Cuando, dos horas más tarde, se despertó con sobresalto, el sol se hallaba ya en el cénit y su luz, reverberando, animaba el panorama con palpitaciones febriles.

Ante sus ojos deslumbrados, las cúpulas, los domos, las torres, los muros, los cipreses, parecían huir, temblando, hacia el mar.

En el vértice de una aguja, la media luna imperial brillaba lo mismo que un astro en pleno día...

Cerrando de nuevo los párpados, cual si quisiera no ver aquellos milagros de la naturaleza, se postró y oró, oró largo rato, ofreciendo su alma al Señor con la humildad devota con que, en los cuadros del Monasterio de Pantokrator, los donadores arrodillados brindaban a María sus cestos de flores místicas.

Luego, con paso firme, penetró en la ciudad por la amplia vía que desde el Mausoleo de Justiniano conducía al Gran Foro.

Discurriendo sin rumbo y sin prisa por las calles de Bizancio, en espera de que su destino se cumpliese según la voluntad del Señor, Teófilo no tardó en darse cuenta de que aquella ciudad, siempre devota, siempre inquieta, siempre agitada por sutiles peleas teológicas, se hallaba en plena guerra religiosa.

Por todas partes encontraba procesiones que imploraban, no tanto el fin de los desastres nacionales cuanto el triunfo de la disciplina patriarcal, que gran parte del clero combatía. En los templos y en los claustros, las preces eran perennes. El más insignificante libelo, publicado por los enemigos de Atanasio, provocaba movimientos de indignación que llegaban hasta las gradas del trono.

La iglesia latina, edificada cerca del Foro por los genoveses para celebrar el culto a la manera de Roma, había parecido un ultraje más grave a la dignidad griega que los saqueos de los catalanes. En cuanto al obispo de Panión, que, abandonando a sus fieles, acababa de alistarse bajo las banderas de los almogávares para bendecir sus conquistas, el pueblo entero lo anatematizaba, no por traidor, sino por apóstata.

El acto menos trascendental hacía variar de criterio a los diversos bandos entre los cuales se hallaba entablada la lucha. Un día, el patriarca, deseoso de dar una prueba de su indomable energía, hizo quitar de los retablos imperiales de Santa Sofía las efigies de los tres Germanes, pretextando que el último de ellos se había rebajado hasta hacer el viaje de Roma para tratar de la paz y la concordia entre los católicos de Oriente y de Occidente. Esto regocijó a la plebe, pero desagradó a la aristocracia.

El mismo Andrónico, a pesar de su timidez, no ocultó su disgusto ante un gesto que podía indisponerlo con sus más fieles servidores. El clero, aterrorizado, no atreviéndose a hablar en voz alta, se contentaba con conspirar en la sombra, aumentando las divisiones entre los devotos. El patriarca de Alejandría estaba desterrado. El de Jerusalén había sido desposeído de su mitra y sustituido en su sede por Brulás, obispo de Cesárea. Casi todos los príncipes de la Iglesia de Constantinopla habían abandonado sus basílicas para no exponerse a las persecuciones. Muchos monjes huían de sus claustros para refugiarse entre los latinos de Pera y de Gálata.

Teófilo, que no lograba comprender la importancia de los motivos pueriles que provocaban aquel malestar general dentro del seno de la Iglesia, hubiera querido tener la autoridad de un Teodoro de Lavra o de un Eleuterio de Vatopedi para hacer oír al patriarca y al basileus las exhortaciones que su conciencia le dictaba.

—¿Por qué empeñarse en envenenar antiguas disputas que en nada atañen al fondo del dogma ni a la santidad de los mandamientos? —se decía.

Y por más que en los atrios y en las plazas públicas los partidarios de los diversos bandos se empeñaban en convencerlo de la trascendencia de sus reivindicaciones, nada, como no fuesen las crueldades de que se acusaba a Atanasio, le inspiraba interés verdadero.

En su gran misericordia, la idea de que la fe pudiese ser impuesta por medio del verdugo le parecía un crimen contra las leyes de Jesús. Y en vano los familiares de Santa Sofía, para explicar el sistema del pontífice ortodoxo, recordaban en sus sermones que también nuestro Señor, en la Pascua hierosolimitana, había castigado con un látigo implacable a los mercaderes del Templo. Porque en aquellos instantes no era de efímeros azotes de lo que se acusaba a los prelados, sino de actos irreparables.

A cada instante se veían en las calles clérigos con los ojos vaciados, con las orejas cortadas, con las manos mutiladas. Y el pueblo, al verlos pasar, se inclinaba ante ellos para venerarlos como mártires de la dureza patriarcal.

Una tarde, después de largas peregrinaciones por los santuarios, Teófilo penetró en una taberna para pedir, por el amor de Dios, un poco de agua y un mendrugo de pan. La tabernera, buena moza, de ojos ardientes y de labios glotones, lo contempló con aire de piadosa ironía y, moviendo la cabeza, le dijo:

—¡Es posible que un mancebo tan bello pierda su juventud bajo un hábito de fraile!...

Luego, indicándole una mesa alrededor de la cual cenaban cuatro religiosos, agregó:

—Come ahí, hermano, y abandona tu máscara fúnebre, ya que aquí nadie ha de contarte los bocados.

Uno de los religiosos, después de apurar un jarro de vino y de tragarse un trozo de cordero, le dijo:

—Estamos comiendo para no morirnos de hambre, ya que, en nuestro monasterio, desde que Atanasio usurpó la mitra de Juan, no nos dan sino una sopa a las nueve de la noche.

—Para mí —les contestó el conde— eso bastaría.

La buena moza, que no dejaba de observarlo con ternura, exclamó:

—Ya se ve que tú no gozaste de la existencia que llevaban estos santos varones antes del regreso del patriarca. ¡Ah!, entonces daba gusto verlos gordos y alegres, con ánimos para pedir a Jesús el perdón de los pecados de sus prójimos.

—Cierto —murmuró otro religioso—, cierto... Nuestro monasterio, hasta hace pocos años, era la verdadera casa de Dios... Comíamos, bebíamos, recibíamos visitas, dormíamos a nuestro gusto... El pueblo nos veneraba. Nuestros superiores no nos imponían sino una estricta castidad. Éramos libres y éramos felices. Hoy, a causa del celo intempestivo del sucesor de Juan, no hay más que dolor y miseria entre los que servimos a Dios.

Los eclesiásticos de todas las categorías, desde los arzobispos hasta los clérigos, están sometidos a la práctica de la pobreza y de la penitencia. Se dijera que ese hombre no desea sino convertir el Imperio en una inmensa Tebaida. Cuando las llamas de sus procesiones prendieron fuego al monasterio del Precursor, nos acusó a nosotros, infelices religiosos, de haber provocado aquel incendio con nuestros pecados. En realidad, todos los males del pueblo a él se deben. Los diez años que estuvo despojado de su patriarcado y prisionero en un convento, los empleó, no en hacerse perdonar sus culpas antiguas, sino en amontonar veneno en su alma implacable.

Teófilo le preguntó:

—¿Y él mismo, qué vida lleva?

—Una vida de ermitaño —le contestó el fraile—, una horrible vida que más parece muerte... No come, no bebe, no ríe, no habla... Los emperadores no se atreven a dirigirle la palabra por temor de sus impertinentes amenazas. Su boca es una caverna de excomuniones.

Cuando, hace mucho tiempo, el sacerdote Melitas le pidió que lo tomase a su servicio, pues de lo contrario se ahorcaría, le volvió la espalda sin responderle y lo obligó así a colgarse de una viga en su propio palacio. Su hipocresía es tan grande, que cuando Andrónico, acompañado por el clero, fue a rogarle que volviese a ponerse a la cabeza de la Iglesia, se echó a llorar, suplicándole que le permitiera terminar su vieja existencia en la celda que ocupaba.

Su dulzura engañó a los obispos, que esperaron encontrar en él a un pastor más suave que Juan. Por eso, el clero todo, traicionando al que en aquellos momentos era nuestro dulce guía y en nada contrariaba nuestros gustos, lo volvió a sentar en el trono de Santa Sofía. ¡Ah! Bien caro han pagado los incautos su ingratitud, pues ellos han sido los primeros en tener que someterse a la tiranía o huir hacia comarcas menos hostiles.

De pronto, otro de los comensales interrogó, mirando a Teófilo con ojos feroces:

—¿No eres tú uno de sus espías?

—No, hermano... Yo vengo de lejos... Mi celda de piedra se encuentra en los acantilados del Monte Athos...

—¡Misericordia divina, un mancebo tan guapo, tan suave! —dijo la tabernera acercándose hasta tocar las mesas con sus redondas caderas, que los frailes se apresuraron a acariciar, acompañando sus gestos de soeces galanteos.

—Es la más rica carne de la casa —dijo uno.

—Y la más cara —gruñó otro.

Entonces la mujer, acariciando la mano del conde, le preguntó:

—¿A ti no te gusta esa carne?... Si la quieres, te la ofrezco para que no te alimentes sólo de pan...

Por el ánimo aterrado de Teófilo pasó, cual un relámpago, una ansiosa interrogación: «¿Será esta, será esta la mujer que el Señor, para humillarme como a Pafnucio, quiere obligarme a amar?».

Pero la misma moza, riendo ante su súbita lividez, lo tranquilizó exclamando:

—¡No creas que hablo seriamente!... Sin conocerte, adivino que no eres como estos desvergonzados que violan a las doncellas en los fosos del puerto... Además, hijo, tengo un amante que no me deja nunca con apetito...

Los frailes, animados por las libaciones, continuaban instruyendo el proceso del patriarca. Aquel hombre que quería reformar las costumbres monacales y someter a todo su clero a la obediencia les parecía un monstruo anacrónico salido para castigo de los buenos frailes del fondo de una tumba de los tiempos de Isaac el Ángelo o de Basilio el Macedonio.

—Mientras estuvo desposeído de la mitra —decían—, se complacía en llevar una existencia de cenobita en el fondo oscuro de un monasterio, ayunando, flagelándose, privándose de sueño... Se asegura que nunca ha tenido ni una mujer ni un efebo a su lado...

Las noches las pasa estudiando los libros de los concilios para ajustarse al dogma con una rigidez implacable... Sus escrúpulos son tan grandes, que repite a cada instante que si el emperador lo obligara a encontrarse en presencia del papa de Roma, se sacaría los ojos para no verlo.

Pero Andrónico es incapaz de imponerle la menor contrariedad y no se atreve ni aun a exigirle que le dé sepultura cristiana al emperador muerto.

La tabernera, que oía con espanto aquellas palabras, exclamó:

—Es un monstruo...

—Es un santo —le contestó el conde, levantándose de su sitio y encaminándose hacia la puerta.

CAPÍTULO IV: "PARA AMARTE HE VENIDO"

Al cabo de quince días de vanos paseos, el ermitaño no había aún encontrado a la que, según las palabras del Señor, lo esperaba para amarlo.

A veces, en las inmediaciones de las iglesias, cuando se detenía para meditar sobre el arcano insondable de su existencia futura, algunas mujeres jóvenes y bellas, sorprendidas por su aspecto tenebroso y atraídas por el resplandor de sus grandes ojos tristes, se acercaban a él para sonreírle con esa voluptuosa misericordia que invade los corazones femeninos ante el espectáculo de una bella miseria. Si alguna de ellas le hubiera hecho una señal, la habría seguido sin pararse a examinarla.

Pero sólo una vez, al anochecer, en una callejuela oscura, una dama misteriosa lo había cogido por la mano para conducirlo a la puerta de una hostería. Antes de entrar, descubriendo su rostro ojeroso y marchito, en el que sólo quedaban restos de una hermosura en ruinas, le había dicho:

—¿Quieres amarme?

—Sí —le contestó el conde.

—¿Cuánto me darás?

—Nada, porque nada tengo.

—Entonces vete, miserable, mendigo, rufián, muerto de hambre...

Él se había alejado, feliz en el fondo de que no hubiese sido aquella criatura infame la que la Providencia le destinaba, y dispuesto siempre a inclinarse ante la oscura fatalidad de su suerte.

Muy a menudo, pensando en la que lo esperaba conforme a los designios celestiales, veía pasar ante sus ojos entornados el cortejo de las que, antaño, se habían desmayado de amor entre sus brazos.

Y era, precediendo siempre el desfile, la esclava judía de los pies manchados de sangre y de los labios voraces; la morena, hermana de Salomé, cuya cabellera crespa exhalaba olores misteriosos de ámbar y de pimienta; la esbelta bailadora que parecía más desnuda cuando, en la intimidad, abría sus largos ojos color de canela, que en el torbellino de la danza al dejar caer su túnica de azur...

Y era una griega de Corinto, a quien había conocido en una de las ceremonias imperiales de Blanquerna al volver de la campaña de Galípoli, y que, por seguirlo, abandonó a su padre y a su madre y fue la más sutil, la más sabia, la más infatigable combinadora de deleites...

Y era una menudísima dama rubia venida de los países bárbaros del Occidente entre los equipajes de un embajador flamenco, y que, antes de llegar a su lecho, había ya pasado, haciendo melindres de muñeca, por las alcobas de los cien oficiales más hercúleos de la guardia de Andrónico...

Y era la sobrina del curopalata Eusebio, la poetisa Ana, que, sin ser bella, inspiraba pasiones inolvidables gracias a su inverosímil poder de multiplicarse dentro de la monotonía de los espasmos, de transfigurarse en medio de las penumbras, de renovarse en la uniformidad de la lujuria...

Y era la pálida Raquel y su dulce hermana Lea, ambas envueltas en velos transparentes recamados de oro, ambas llevando en la frente la corona principesca de Mitilene, ambas unidas para amarlo, para postrarse a sus pies, para enloquecerlo presentándole el cuádruple ofertorio de sus senos de alabastro y el incontable enjambre de sus besos, que, como abejas, parecían dardos untados de miel...

Y era Irene, la de los ojos verdes, la cortesana cuya litera iba siempre seguida por un séquito de adoradores; la divina pecadora que los imagineros del barrio de Santa Sofía tomaban como modelo para esculpir las madonas de sus retablos; la insaciable devoradora de patrimonios; la que, según los poetas satíricos, tenía por misión sobre la tierra destruir la ventura de los hogares; la encarnación del pecado voraz y cruel, en fin, que para él, no obstante, había sido la más rendida de las esclavas de amor...

Y era otra pecadora venida de Venecia en una galera de proa labrada cual un relicario: la orgullosa Vanina, de cabellera de cobre, de ojos de fuego, de labios de rosa artificial, que, después de hacerse amar por el basileus Miguel, tuvo la osadía de poner en su litera los colores imperiales...

Y eran otras, muchas otras a quienes sólo había amado una noche o una semana...

Y ante la imagen de cada una de ellas, el solitario se preguntaba lleno de angustia:

—¿Será esta la que me espera?... ¿Será esta la que debe ser mi esposa?

Porque, una vez decidido a inclinarse ante el duro mandato del Señor, el atribulado Teófilo se proponía, para evitar el pecado mortal, hacer que, al menos, su nuevo idilio fuese bendecido por la Iglesia.

«Es indispensable que lo seas» —se decía—.

Y aunque el lazo del himeneo alrededor de su cuello haría, naturalmente, menos probable su pronto retorno a la montaña de la penitencia, se resignaba a todo con tal de no salirse de los mandamientos, dejando que el Señor, en su suprema sabiduría, arreglara el porvenir según su santa voluntad.

Así, diez, veinte veces al día, en las iglesias en las cuales oraba sin cesar —en San Esteban, en San Demetrio, en San Sergio, en el Pantokrator, en San Juan—, murmuraba, arrodillado ante la Cruz, en cuyos brazos agonizaba el dulce Jesús:

—Señor, Señor, por obedecerte estoy aquí, esperando que un signo de tu mano me enseñe el camino que debo seguir para llegar a donde se halla la que me espera... Señor, Señor, mis pies no conocen el cansancio ni mi alma la impaciencia cuando de acatar tus órdenes se trata. Muchas veces he recorrido ya la ciudad, muchas más la recorreré aún. Pero si tú crees que soy merecedor de tan sublime merced, dime hacia dónde debo dirigir mis pasos o a qué puerta debo llamar...

Ninguna voz respondía a estas humildes demandas.

Y Teófilo, ante tan obstinado silencio del cielo y ante la inutilidad de sus peregrinaciones por la Acrópolis y los Foros, de sus paseos por la Vía Triunfal, de sus estaciones en los alrededores de las Termas de Arcadio, del Hipódromo y de los teatros, llegó a acariciar la grata esperanza de que tal vez el cielo sólo había querido poner a prueba su sumisión, y que, como a Abrahán, un ángel se le aparecería antes de pecar, para decirle:

—Detente; Jehová está satisfecho de tu obediencia.

Pero sucedió que una mañana, al pasar por una de las calles que desembocan en el Pritaneo, en las faldas floridas de la Acrópolis, vio entre los rosales de un patio, por la puerta abierta de una casa señorial, dos manos blancas que lo llamaban, mientras una voz femenina muy dulce, muy armoniosa, le gritaba:

—¡Entra, Teófilo; entra pronto!

La sangre se heló en sus venas al reconocer a la que así corría hacia él y al escucharla murmurar:

—Te esperaba...

Aquella patricia, heredera riquísima de un nombre ilustre, era, tal vez, la única mujer, entre todas las que conociera en el curso de su existencia mundana, que jamás se le habría podido aparecer en los desfiles interminables de las que le parecían dignas de serle asignadas por Jesús.

Y no es que ella hubiera dejado, en otro tiempo, de darle tímidas y recatadas muestras de afecto. No. En las fiestas de la corte y en las ceremonias de Santa Sofía, cuando se encontraba a su vera, el conde la oía suspirar bajando la vista. ¡Pero resultaba tan poco agraciada la pobrecilla! Sus ojos eran pequeños; su boca, grande; su cabellera, descolorida; su cuerpo, contrahecho.

—¿Por qué dices que me esperabas? —le preguntó Constantino.

—Porque es cierto... Varias veces, desde hace meses y meses, he soñado que te veía volver a Bizancio y venir hacia mí... ¿Cuándo llegaste?

Sin responderle, el solitario tomó asiento en un banco rústico, al lado de una fuente de mármol, y así permaneció, inmóvil, sin pronunciar una palabra, durante largo rato.

¿Era posible que fuese aquella la criatura que el cielo le señalaba?... Su primer impulso fue creer que no, que no podía ser. Pero luego, considerando que tal vez el Señor quería castigarlo uniéndolo a una mujer fea, a causa de su antigua afición a las bellas, pensó que no sólo era posible aquello, sino que era hasta natural.

—¿Cuándo llegaste? —le preguntó de nuevo Eudosia.

Saliendo de su ensimismamiento, le contestó:

—No sé... Creo que hace ya más de dos semanas...

—Debiste venir antes, puesto que sabías que yo te aguardaba... ¿Por qué causa tardaste tanto?... Mira... Todo está preparado para recibirte... Estas rosas son para tu cabeza... Esos servidores que ves allá, en el fondo, son tus servidores... Dime, ¿me amas?...

Constantino vaciló un instante.

—No —murmuró ella con acento triste—, no... No me amas... No soy bella...

Entonces él, incorporándose y estrechándola entre sus brazos robustos y flacos, le dijo al oído con voz de caricia:

—Sí... Para amarte he venido... Seré tu esposo...

—Yo seré tu esclava...

Al penetrar en la estancia que la princesa Eudosia le asignara, en el fondo del jardín, para esperar el día de sus bodas, Teófilo sintió una angustia mortal. Todo allí le parecía preparado para atormentar su alma ávida de penitencia y de ascetismo.

En un ángulo, bajo un palio de telas de Damasco tejidas en los famosos talleres de Almería, se veía un lecho en forma de diván árabe. Los muros de mármol estaban ornados de mosaicos que, en una serie de medallones, reproducían, sobre fondo de oro, las principales escenas que precedieron al casamiento de Constantino Porfirogéneta.

El conde examinó el friso con melancolía, recordando que, en su niñez, el juglar que le contaba historias legendarias le había más de una vez referido aquella aventura ejemplar. Montados en altos palafrenes, los mensajeros de la emperatriz Irene salían del Palacio Sagrado en busca de las doncellas más lindas de Bizancio.

Las menudas letras áureas que rodeaban las figuras del primer cuadro decían:

"Para limitar el número de las que tenían derecho a esperar el honor de compartir el tálamo principesco, los heraldos llevaban una zapatilla y no debían traer sino a aquellas damiselas que pudieran calzársela".

Luego, en los medallones sucesivos, los mensajeros aparecían en las amplias salas de los castillos y de los palacios, invitando a las hijas de los más nobles señores a someterse a la prueba.

Un medallón representaba una casita humilde en la que una muchacha, modestamente ataviada, después de calzarse sin dificultad el zapatito, se despedía de sus padres.

"Esta niña, que se llamaba María" —rezaba el letrero—, "rogó a las demás candidatas a la mano de Constantino que formaran un grupo de aliadas, jurándose que la elegida protegería a las demás. Pero las hijas de los condes, oyendo hablar así a aquella aldeana, se burlaron de ella, asegurándole que debía abandonar sus locas esperanzas".

En el último medallón, ante todas las que se ofrecían a su capricho, el Porfirogéneta se acercaba a la pobre María y, cogiéndole las manos, exclamaba:

"¡Esta será mi esposa!"

Teófilo murmuró:

—Es el premio que Dios dispensa a los que no pecan por orgullo.

Una lámpara de cristal tallado iluminaba la estancia, dando a las telas de Almería reflejos de luna y prendiendo chispas fugaces en los oros de los mosaicos.

Se sentó el conde en una butaca de madera olorosa, ante una mesa de marfil cubierta de manuscritos suntuosamente encuadernados. Con un gesto maquinal tomó uno de aquellos volúmenes y lo abrió: era el Libro de las Ceremonias, escrito cuatro siglos antes por el emperador Constantino VII para codificar y perpetuar todas las pragmáticas de la etiqueta.

—Omnia vanitas —murmuró Teófilo, hojeando aquel ritual de la vanagloria cortesana que su ayo le había hecho aprender de memoria cuando se preparaba, en su lejano castillo de Agatópolis, a entrar al servicio del basileus.

Una amarga sonrisa desdeñosa vagaba por sus labios crispados a medida que se desarrollaba ante sus ojos el cortejo de los esplendores imperiales en toda su rígida y pueril solemnidad.

La gula, la pereza, la vanidad, la crueldad, se hallaban entre aquellas páginas minuciosamente clasificadas.

Los funcionarios, desde el gran doméstico de los ejércitos hasta el conde de los Establos, tenían allí marcados los ritos de su oficio. Cuando el soberano salía de su palacio para visitar sus provincias, cada cuerpo de nobles, cada metropolitano, cada colegio docto, cada monasterio, tenía que contribuir al esplendor del séquito con cierto número de mulas y de caballos que el logoteta de los rebaños reunía en los campos de Malagines.

Los animales debían tener más de cinco años y menos de siete y encontrarse puros de cicatrices y cauterios.

El jefe de la Boca Imperial recibía ochenta mulas para el transporte de la vajilla, de los utensilios de cocina y de los víveres.

Las provisiones provenían de comarcas determinadas, bajo la custodia de apotecarios juramentados.

Los kitonitas recibían treinta mulas para el transporte de la indumentaria imperial.

Un dignatario se ocupaba del baño, otro de los perfumes, otro de las drogas, otro de los peines, otro de los candeleros, otro de los ungüentos, otro de los pebeteros, otro de las espadas, otro de los puñales, otro de la ropa interior, otro de las joyas, otro de los tesoros, otro de las camas, otro de las camisas de seda, otro del agua de rosas para los pies, otro de las imágenes, otro de los mantos, otro de los gorros, otro de los libros...

Era infinito el número de los altos servidores de palacio...

Y cada uno de ellos daba tal importancia a sus funciones, que tenía necesidad, a su vez, de un séquito de subalternos.

—Omnia vanitas —repitió Teófilo cerrando el libro.

Su cansancio era tan grande, que quiso, recostándose en el respaldo de su sitial, dormir algunas horas.

Pero al levantar los ojos, el espectáculo del plafond, que representaba un inmenso racimo de uvas de oro esculpidas en alto relieve, le inspiró de nuevo un movimiento de rebeldía contra aquel lujo que la Providencia Divina le imponía.

Aun en sus años tormentosos, había sido enemigo de los esplendores inútiles y de los vanos alardes de riqueza.

Gracias a la generosidad de su padre, hubiera podido, entonces, alojarse en una de las discretas mansiones de pórfiro que los mercaderes sirios alquilaban en las riberas floridas de Crisópolis.

Su juglar había visitado algunas de ellas el día mismo de su llegada y, por la noche, en el comedor del albergue del Ágora, donde se hallaban alojados, le pintaba con ingenuo lirismo el voluptuoso encanto de aquellos nidos de sedas y de pieles.

Los lechos, amplios y profundos, estaban sostenidos por águilas de oro o por palomas de mármol; los mosaicos del suelo desaparecían bajo la profusión de los almohadones multicolores que servían de asientos; en los pebeteros ardían perpetuamente las pastillas de Alepo y de Damasco; los vestíbulos ostentaban trofeos de armas bárbaras traídas de las remotas guerras antiguas por los vencedores de los árabes y de los búlgaros...

En medio del tumulto de aquella feria, era donde, un día de primavera, había asistido al más horrible de los espectáculos que Bizancio solía brindar a la cruel curiosidad de sus habitantes.

—Venid —le había dicho su juglar—, venid de prisa si queréis ver de cerca lo que va a pasar.

Y, apresurando el paso, se encontró, en las puertas mismas del convento, con un hombre atado de pies y manos, a quien cuatro oficiales de la policía le inmovilizaban la cabeza contra el muro claustral, mientras el verdugo, con un hierro candente, le quemaba los ojos.

—¿Qué crimen ha cometido ese infeliz para merecer tan espantosa tortura? —preguntó.

Un fraile le dijo:

—Ese miserable, que no merece ser compadecido, era secretario del jefe de los iluminadores imperiales, y, abusando de la confianza que en él pusiera su amo, logró seducir a su hija, la tierna María, y la raptó para casarse con ella en secreto. Esta madrugada, el prefecto de la noche logró encontrar a la pareja en los jardines de Malacenas. Por eso, mientras a ella le cortan ahora la cabellera para encerrarla en un convento, a él le queman esos ojos con los cuales cautivó a su víctima.

Evocando aquella escena siniestra, Teófilo pensaba ahora que tal vez más le hubiera valido a él sufrir una tortura análoga, para no volver a caer en las tentaciones de la carne.

«Ciego —se decía—, no estaría aquí».

Y contemplaba con horror aquel lujo que era su lujo, y respiraba con repugnancia los aromas que salían en espirales celestes de un pebetero de bronce.

«Ciego —se repetía—, no vería a la mujer que ha de ser mi compañera y cuyas miradas amorosas me torturan más que un hierro candente...»

Para huir de las imágenes de voluptuosidad que lo rodeaban, abrió la ventana y observó el jardín largamente, con miradas ansiosas de prisionero que busca un camino para escaparse.

La tarde caía, alargando en la arena blanca de la terraza la sombra de las palmeras. La brisa del mar cantaba, entre las ramas de los mirtos, de los laureles y de los magnolios, su eterna canción misteriosa.

A lo lejos, por encima de las frondas, se veía el Cuerno de Oro, que las luces del ocaso teñían de púrpura.

De un boscaje de olivos exóticos, colocado bajo el balcón como una taza de incienso, subía el aroma poderoso del olea fragrans.

Deslumbrado por el esplendor de la naturaleza, más grande, más bello que el de su estancia, Teófilo volvió a sentarse en la butaca y, apoyando la cabeza calenturienta en la mesa, se quedó dormido.

CAPÍTULO V: LA MUJER MÁS FELIZ DEL MUNDO

En Bizancio, en la loca y beata Bizancio de principios del siglo XIV; en la Bizancio, donde los cortesanos contaban, riendo, que la princesa Simona había sido violada a la edad de seis años por su futuro esposo el Kral Estéfano de Serbia, y donde el emperador había casado a su deliciosa sobrinita María, hija del rey de Bulgaria, con un aventurero llamado Roger de Flor, cuyo rostro, según el testimonio de los cronistas griegos, era «horrible de verse»; en la extraordinaria Bizancio, supersticiosa y libertina, donde las cortesanas se convertían en princesas y hasta en emperatrices sin que nadie supiera por qué y sin que nadie protestase; donde todos los lechos del palacio imperial estaban manchados de sangre; donde el incesto parecía no tener ninguna importancia; donde la frivolidad era trágica y el misticismo se confundía con la lascivia; en la Bizancio de todos los caprichos, de todas las extravagancias y de todas las licencias, en fin, la boda del conde Teófilo Constantino Niforos y de la princesa Eudosia Cantacuzeno pareció una cosa inaudita, casi monstruosa.

¿Por qué? Ver a un fraile abandonar su laura o su convento para casarse, era entonces cosa tan corriente como ver a una damisela de abolengo imperial convertirse en la esposa de un simple gentilhombre, y hasta de un soldado afortunado. Pero el bello tracio gozaba entre los aristócratas de una fama tan grande de hombre incapaz de bajos cálculos políticos y de infames codicias, que nadie conseguía explicarse por qué razones, teniendo tantas adoradoras entre las que lo habían conocido un lustro antes, se unía con una mujer cuyos únicos atractivos eran, para los codiciosos, el oro; para los vanidosos, la sangre principesca. Miguel IX, que había admirado al conde en el sitio de Galípoli, lo llamó con objeto de preguntarle si era cierto que iba a casarse con una princesa Cantacuzena.

—Ninguna familia —le dijo, es para nosotros tan digna de afecto como la de la princesa. Un abuelo suyo, el general Juan, fue primo del basileus Manuel Comneno. Ahora mismo uno de sus más cercanos parientes, el Paracencomeno de la corte, es preceptor de mi hijo Andrónico. Mi corazón, pues, no puede dejar de regocijarse al ver que uno de mis más bravos súbditos se une así con una de las más ilustres damas de la corte. Pero... ¿has notado los murmullos que tu proyecto suscita?...

—Sí, majestad.

—¿Y a pesar de todo insistes?

—Es necesario, majestad...

Por los labios pálidos del emperador pasó una sonrisa maliciosa.

—Si hay que reparar una falta ya cometida —agregó— tienes razón. Los Cantacuzenos no perdonarían una afrenta a su nombre.

Luego, dando su pie a besar al conde, le dijo:

—No me opuse a que te hicieras ermitaño. Tampoco me opongo a que te cases. Si un día necesitas de mí, ven a bus- carme. Mi bendición, que te acompaña, te guardará de todo mal. Amén...

A pesar de esta bendición, el día en que, después de la ceremonia de la iglesia del Pantokrator, el cortejo nupcial se encaminó por las riberas del Cuerno de Oro hacia los jardines donde se iba a celebrar, en familia, el festín epitalámico, todos los desocupados de la ciudad acudieron a los muelles para insultar con irónicos ditirambos a los cónyuges. Un grupo de nueve sacerdotes, cubiertos de mantos de lana en cuyos cuellos brillaban las cruces rituales, marchaba a la cabeza del desfile, llevando en las manos los pergaminos de las indulgencias patriarcales. Al llegar a la puerta de la casa señorial en que los esperaban sus servidores, los cónyuges se volvieron hacia el pueblo y lo saludaron según les mandaba la etiqueta. La multitud, en vez de contestar con plácemes, expresó su desprecio riéndose de aquel fraile sacrílego que unía su suerte a la de una patricia poco agraciada, sólo para apoderarse de sus riquezas.

Ella estaba vestida con una túnica de oro cubierta por un manto blanco en el cual brillaban las insignias de su rango. Su alto peinado en forma de torre, el propoloma obligatorio de las aristócratas, la hacía parecer más cargada de espaldas de lo que era en realidad. Su velo nupcial ocultaba su rostro.

Al oír los insultos soeces del populacho, murmuró con voz temblorosa, volviendo hacia su esposo los ojos llenos de lágrimas:

—No los escuches, vida mía.

Impasible dentro de su larga toga negra, Teófilo le ofreció la diestra para subir los cuatro escalones de pórfiro que conducían al vestíbulo.

La luna de miel comenzó en el fondo de un pabellón de mármol, entre jardines que miraban sus altos magnolios y sus frondosos camellos en las aguas celestes del Bósforo. Ella murmuraba a cada instante, arrodillándose ante él para besarle los pies: «Te adoro, te adoro... Soy la mujer más feliz del mundo... Dime que me amas, dime que siempre me querrás como esclava». Constantino la levantaba del suelo y estrechándola contra su pecho robusto, la contestaba: «Eres mi esposa ante el Señor y te amo como él lo manda». A veces, en su éxtasis, la pobre mujer no podía contener el llanto y balbuceaba, llenando de lágrimas la túnica oscura de su dueño, frases en las cuales se confundían la fe en el amor y la esperanza en Dios. Porque la princesa era devota a la manera bizantina, con mil refinamientos supersticiosos y mil complicaciones pueriles que la llevaban a exigir que Jesús interviniese hasta en sus más íntimos caprichos, aceptando tratos en que ella le ofrecía, en cambio de un placer, algún don espléndido en favor de los pobres. Su generosidad en medio de un pueblo sin entrañas que veía morirse de hambre con indiferencia a los innumerables provincianos que, huyendo de los catalanes y de los turcos, habían invadido las plazas de la Metrópoli, era como una flor milagrosa en un erial.

El ejemplo de su marido, que no tenía nada porque todo lo había dado, aumentó pronto su deseo de hacer obras caritativas. Si hubiera sido posible vender sus fincas, lo hubiera hecho, para entregar montones de oro a su amado y decirle: «Regálalo todo a los pobres, puesto que para nosotros la única riqueza que tiene importancia es la de nuestro amor». Pero de la inmensa fortuna de su padre, sólo el usufructo tenía, y aun eso estaba administrado por un tutor muy poco evangélico y muy apegado a las pompas ceremoniosas. De vez en cuando, atormentado por sus escrúpulos, el conde al ver el lujo de su mesa y el esplendor de su casa, preguntaba a la princesa:

—¿Por qué todo esto que tan inútil resulta para nosotros?

A lo que ella, excusándose, respondía:

—Bien sabes que no soy yo quien manda en estas cosas.

—Es cierto —murmuraba él.

Y resignándose a vivir entre tentaciones para todos los sentidos, trataba de no caer sino en las que eran inevitables dentro de la existencia que Jesús le imponía. «Puesto que el Señor me ha traído hasta aquí —pensaba—, es, sin duda, para obligarme a vivir esta vida». Así, sus labios se mojaban en las ricas copas de Chipre y sus dientes trituraban los bellos frutos de Tesalónica sin experimentar placer ninguno. Aquella insensibilidad voluntaria constituía su verdadera fuerza. «¿Qué me importa todo este oro, toda esta seda, todos estos perfumes, todos estos vinos, todos estos manjares —se repetía sin cesar—, puesto que, lejos de ser un deleite, son para mí una tortura?».

Y en el lecho, entre los brazos ardientes de su esposa, se decía también: «¿Qué me importan los actos de mi carne, si con ellos mi espíritu no experimenta placer ninguno?».

Todas las noches, cuando Eudosia, rendida por las ca- ricias, se quedaba dormida con una sonrisa de bienaventuranza en la boca y un ligero temblor de fiebre en el pecho, Constantino abandonaba la alcoba conyugal y corría a pros- ternarse en el fondo de una capilla en la cual había tratado de reconstituir su gruta athonita, poniendo su crucifijo negro y su viejo centón sobre un retablo. Allí oraba largas horas, allí dirigía a nuestro Señor interrogaciones ansiosas sobre su porvenir incierto, allí esperaba la luz de la aurora para leer y releer las vidas de los padres del desierto, hasta que un servidor iba a llamar respetuosamente a la puerta de su retiro para advertirle que la hora del almuerzo había sonado. ¡Cómo gozaba y cómo sufría con aquellas lecturas matutinas!... ¡Con cuánta nostalgia evocaba sus propios recuerdos de cenobita, glosando las penitencias de los más gloriosos solitarios! Macario de Alejandría, sobre todo, por ser el prototipo de los cenobitas, le inspiraba envidia con cada una de sus acciones. Y aunque sabía de memoria sus aventuras espirituales, las leía todos los días en el texto del único cronista que le conoció, y lloraba de entusiasmo cuando llegaba a pasajes como estos:

«Una mañana que estaba sentado en su celda le picó un insecto en el pie; al sentir el dolor le aplastó con la mano, no sin que el insecto se hubiera hartado de sangre. Ahora bien: acusándose al instante a sí mismo por haberse vengado del insecto, se condenó a permanecer sentado y desnudo durante seis meses en la cuaresma de Sceté, que se halla en el gran desierto, y donde los insectos, que son como avispas, atraviesan con sus aguijones hasta las pieles de los jabalíes, A causa de esto quedó su cuerpo cubierto de heridas y sufrió una inflamación tal que algunos creyeron que padecía la elefantiasis. Al volver a su celda seis meses después, sólo por la voz conocieron que era Macario. Otra prueba de ascetismo: resuelto a vencer el sueño, refirió él mismo que no vivió bajo techado durante veinte días, a fin de vencer a aquel, sufriendo el calor, por una parte, y transido de frío, durante la noche, por otra. Por esto dijo: «Si no me hubiese albergado en seguida y no hubiera satisfecho la necesidad del sueño, mi cerebro se hubiese secado hasta el punto de perturbar mi espíritu. Por un lado, triunfé en lo que de mí dependía; por otro, cedí en lo que reclamaba la naturaleza».

«Habiendo oído decir que los tebenesiotas tenían una regla de vida excelente, cambió de vestido y, tomando el hábito secular de un obrero, se dirigió a la Tebaida, caminando quince días a través del desierto.

Al llegar a la región de ascetismo de los tebenesiotas, preguntó por su archimandrita, llamado Pakhomio, persona de mucha experiencia y que poseía un don profético, pero a quien no fue revelado lo que concernía a Macario.

Al hallarse en su presencia, le dijo:

—Te ruego que me admitas en tu monasterio, pues quiero ser monje.

Pakhomio contestó:

—Estás en camino de la vejez y no puedes ser asceta. Los hermanos lo son; tú no sufrirás sus trabajos, te escandalizarás y saldrás maldiciéndoles.

Hasta los siete días no le recibió.

Como tuvo constancia, permaneciendo en ayuno, le dijo al instante:

—Admíteme, abad, y si ocurre que no ayuno ni trabajo como ellos, ordena que se me despida.

Persuadió a los hermanos de la comunidad, que cuenta hoy mil cuatrocientos hombres. Entró, pues, en ella.

Pasó algún tiempo y, al llegar la cuaresma, vio que cada cual seguía una práctica distinta: uno comía por la tarde, otro al cabo de dos días, otro al cabo de cinco y otro permanecía en pie durante toda la noche, y sólo se sentaba de día.

Él hizo remojar entonces una gran cantidad de hojas de palmera, estuvo de pie en un rincón sin probar el pan y el agua hasta que transcurrieron cuarenta días y llegó la Pascua; no inclinó una rodilla ni se acostó; no comió nada, excepto algunas hojas de col, y esto el domingo».

Ante estas imágenes, sentía, a veces, impulsos de abandonar su nueva existencia para retornar a la Santa Montaña del Athos.

Pero la conciencia de que, al continuar por la vía dolosa del matrimonio, se encaminaba hacia las moradas de la gracia, lo obligaba a permanecer al lado de Eudosia y hasta a tomar parte en las fiestas que esta solía ofrecer a los más allegados a su linaje, para cumplir con las leyes ineludibles de la etiqueta de su rango.

Sus invitados ordinarios eran, en su mayoría, orgullosos señores que, esperando la caída de los Paleólogos y soñando con ver algún día subir al trono sagrado del Imperio al jefe de la Casa de los Cantacuzenos, dilapidaban sus patrimonios en satisfacer sus vanidades y sus vicios.

La generosa princesa, incapaz de escudriñar los corazones, los creía a todos buenos y nobles. Para probarles su afecto, los cubría de regalos valiosos y, cuando llegaba el caso, los sacaba de graves apuros.

Uno, sobre todo, el joven duque Atanasio, le inspiraba gran confianza y gran afecto, a causa de su carácter halagador, de sus maneras casi femeninas, de su constante deseo de complacerla, de sus modales suaves, de sus palabras acariciadoras.

A este era al único a quien, antes de la llegada del que había de ser su esposo, le había confiado las inverosímiles promesas de sus ensueños.

—¿Crees tú que vendrá? —le preguntaba.

Y sin esperar su respuesta, agregaba:

—Venir, volver a Bizancio, abandonar su retiro, sí, es indudable... Un hombre como él no puede hacer largo tiempo vida de anacoreta... Pero amarme a mí, que ni siquiera soy bella, no; eso nunca...

Entonces, Atanasio le cogía las manos febriles para besárselas, diciéndole:

—Ten fe, ten esperanza...

Después de su casamiento, este primo afectuoso no dejó de verla un solo día, consolándola cuando se quejaba de que su esposo la abandonase muy a menudo para encerrarse en su oscuro oratorio.

—¡Es que no soy bella! —exclamó una tarde llorando—. ¡Es que no soy bella!...

—Sí —le contestó Atanasio—, sí lo eres... En otro tiempo, es cierto, con tu talle de niña aún no formado, con tu rostro tímido, no digo...

Ahora, en cambio, eres bella... El amor te transfigura.

El joven adulador no mentía.

Poco a poco, día por día o, mejor, noche por noche, aquel cuerpecillo se había erguido y se había llenado de carne tentadora; aquellos ojos se habían dilatado entre los círculos violetas de las ojeras; aquella boca se había encendido...

Además, todo su ser irradiaba dicha, regocijo, voluptuosidad. Su voz cantaba y sus risas eran como trinos de ave.

Ella, sin embargo, no se atrevía a creer en tal milagro. Muy modesta, muy humilde, preguntaba a su primito:

—¿De veras soy menos indigna de que mi dueño me vea con agrado?... No me engañes...

—Eres bella, Eudosia, y mereces ser amada y admirada.

El amor ha hecho del capullo de tu infancia una flor de hermosura; de la oruga de tu adolescencia, una mariposa de seducción...

No debes dudarlo. No debes extrañarlo.

El amor lo puede todo y lo santifica todo.

Recuerdo lo que nos dicen las Escrituras sobre los últimos días del rey David, que fueron alargados y reconfortados porque la sunamita Abisag le dio sus pechos desnudos para que reposara sobre ellos su cabeza centenaria y sus labios sumisos para que recalentase su sangre al fuego de sus caricias virginales...

Enternecida, con los ojos brillantes de júbilo, la princesa daba las gracias al Señor, que así metamorfoseaba su existencia, perfumándola de bienaventuranza.

Y sabiendo que nada es tan grato a los ojos de Jesús como la caridad, multiplicaba sus obras de misericordia.

Pero esta divina transfiguración de que el cielo había hecho gracia a su esposa, Teófilo no la notaba.

Después de los festines familiares, cuando comenzaba la charla frívola de sobremesa, pretextando la necesidad de respirar, huía de aquel lujo, de aquella molicie, de aquellos perfumes embriagadores, y se refugiaba bajo los árboles del jardín para hallarse solo con su alma.

Desde el día de su salida del Monte Athos, se sentía como presa de un vértigo de automatismo que no le permitía darse una cuenta muy exacta de sus acciones.

Sin cesar, se empeñaba en volver la vista hacia atrás, recapitulando metódicamente, escrupulosamente, las circunstancias providenciales que habían torcido el curso de su existencia.

—¿Es posible? —se preguntaba—. ¿Es posible?

En su mente alucinada se encrespaban, confundiéndose y contradiciéndose, los más sutiles pensamientos de inquietud, de temor, de duda, de esperanza, de satisfacción, de orgullo.

Pero en el fondo, lo que dominaba siempre entre sus cavilaciones era el miedo de no cumplir de un modo riguroso las órdenes del cielo.

Así, cuando apenas llevaba casado unos pocos días, leyó en los recuerdos del obispo Paladio la siguiente historia: «Amún era huérfano y, cuando tenía aproximadamente veintidós años, su tío le obligó a casarse con una mujer. No pudiendo sustraerse a la orden de su tío, juzgó conveniente obedecer y someterse con paciencia al ritual y a los deberes nupciales.

Cuando todos se retiraron y ellos se acostaron, se levantó Amún, cerró con llave la puerta, se sentó y, llamando a su bienaventurada compañera, dijo:

—Ven aquí, pues debo hablarte. El casamiento que hemos contraído no tiene nada de extraordinario. Obraremos, pues, bien, si desde este instante dormimos separadamente, a fin de agradar a Dios por haber conservado intacta nuestra virginidad.

Luego, sacó de su pecho un librito consagrado al apóstol y al Salvador, y se lo leyó a la joven, que desconocía las Escrituras.

Por su propia inventiva, hizo recaer la conversación sobre la virginidad y la castidad, de tal modo que ella, convencida por obra de Dios, le dijo:

—Yo creo eso también. ¿Qué ordenas para lo futuro?

—Ordeno —contestó él— que vivamos separadamente.

Ella replicó:

—Vivamos en la misma casa, pero durmamos en distinto lecho.

En efecto, en esa forma vivieron dieciocho años.

Él trabajaba todos los días en el jardín, en la plantación de balsameros, pues era fabricante de bálsamos. El balsamero, que crece como la viña en lo que se refiere al cultivo y a la poda, exige mucho trabajo.

Cuando regresaba a su casa, por la tarde, oraba y comía con su esposa. Luego volvía a orar por la noche y se retiraba».

Al leer esto, un fugaz rayo de luz iluminó su alma.

«Como Amún —se dijo—, voy a vivir castamente al lado de Eudosia».

Pero, en seguida, lleno de tristeza y de amargura, pensó que la voz del Señor le había ordenado, no que acompañase en su existencia a la que lo esperaba, sino que la amase.

Y recordando el ardor con que, por las noches, su esposa se acercaba a él para implorar sus caricias, comprendió que exigir de una mujer tan enamorada que se resignase a dormir sin su esposo equivalía a imponerle un sacrificio del que sólo las santas eran capaces.

—¡Señor! —exclamó al fin, postrándose a los pies de Jesús crucificado—. ¡Señor, si puedo hacer como el beato Amún, dime una palabra!

Pero el Señor no le contestó.

Pocos días después, una noche en que las caricias de Eudosia lo habían torturado atrozmente, volvió a arrodillarse ante el Señor crucificado para pedirle de nuevo un signo, una palabra, un indicio que le diera a conocer su voluntad.

—Jesús —le dijo—, tú sabes que yo era feliz en el desierto, lejos del mundo donde sólo florece el pecado y el crimen.

Tú sabes que ninguna penitencia me parecía bastante dura para castigar a mi carne de las abominaciones que antes cometiera.

Tú sabes que mi único deseo consistía en acercarme poco a poco a la perfección para hacerme digno de figurar entre los elegidos, a la diestra de tu Padre, el día de las recompensas eternas.

Tú sabes que mi cuerpo está lleno de cicatrices que provienen de los cilicios y las disciplinas.

Una mañana, sin embargo, tú me dijiste que, para hacerme digno de tu gracia, viniera aquí y amara.

Aquí estoy y aquí sufro al cumplir tu mandato.

Tanto sufro, Señor, que hoy, después de la noche que acabo de pasar, me atrevo a preguntarte una vez más, con el alma llena de dulce esperanza, si ha llegado el momento en que mis dolores me hagan merecedor de tu gracia.

Háblame, Señor.

El cielo permaneció mudo.

Lo único que le consolaba en sus tribulaciones era el varonil sufrimiento que hacía de sus deleites carnales verdaderos tormentos.

Y comprendiendo que, para mantenerse en aquel estado de oculta penitencia, le ayudaba la fealdad de su compañera de lecho, daba gracias al cielo por no haberle impuesto el amor de una mujer bella.

—¡Ah! —pensaba—. ¡Cuánto más terrible habría sido mi situación, si la Providencia Divina me hubiera llevado hacia alguna de las que antaño fueron mis infernales hermanas en la lujuria!...

Tembloroso, con la frente cubierta de sudor frío, veía entonces en la sombra los pies llenos de sangre de la danzarina judía; y veía los ojos verdes, fosforescentes y felinos de la cortesana Irene; y veía los brazos blancos, ligeros cual alas de paloma y fuertes como cadenas férreas, de la poetisa Ana; y veía a Raquel y a Lea, unidas en el incesto, para ofrecerle sus cuatro senos de ámbar...

Entonces, sin poderse contener, gritaba:

—¡Vade retro!... ¡Vade retro!...

Y pensando en Eudosia, se decía:

—¡Bendita sea su fealdad!...

Luego, al hacer un examen minucioso y justo de su nueva existencia, tenía que reconocer que el cielo le había dado una compañera no sólo desprovista de belleza, sino también moralmente digna de ser considerada cual una esposa cristiana.

En efecto, aun en medio de sus transportes apasionados, en el delirio juvenil de sus noches amorosas, resplandecía en ella algo de cándido, de puro, de modesto, de sumiso, de tierno y de ferviente, que, si no suprimía lo que existe siempre de carnal en el amor, al menos lo impregnaba de contrición ideal y de sencillez extática.

Nunca sus labios habían pronunciado, en lo íntimo de sus confidencias, una palabra que no hubiera podido ser escuchada por los más inocentes oídos.

Nunca había habido en sus besos el menor intento de pecado, ni en sus ojos el menor fulgor de vicio.

Era fogosa, en suma, pero era casta.

Y Teófilo, que no había saboreado antes sino diabólicos deleites hechos de complicaciones perversas, de quintaesencias libidinosas, de quimeras cerebrales, comparaba a su mujer legítima con sus antiguas queridas y no se cansaba de dar gracias al cielo por no haberlo guiado hacia otros brazos más peligrosos para su alma.

—Es buena, es devota y no es bella —se decía a menudo.

Una noche, sin embargo, en el momento en que, después de un largo coloquio mental, pronunciaba estas últimas palabras, tuvo una visión que lo hizo estremecerse.

En la sombra del jardín, apareció, bajo un camelio en flor, una mujer desnuda, de belleza delicada, con ojos melancólicamente voluptuosos y labios tentadores.

—En nombre de Jesús misericordioso —murmuró, haciendo el signo de la cruz—, aléjate, sombra de Satanás...

Pero el blanco fantasma, cuyos pechos menudos eran como dos camelias apenas entreabiertas, se adelantó hacia él y le dijo al oído con voz muy dulce:

—¡Esposo mío, dueño mío, no me dejes sola en mi lecho!...

—¡Eudosia! —exclamó él, reconociendo a su mujer transfigurada y embellecida por el amor.

Y quiso preguntarle por qué razón salía así, sin velos...

Mas el fantasma se había ya desvanecido en la oscuridad.

Desde aquella noche, al penetrar en la alcoba donde la princesa lo esperaba en el lecho, bajo la suave luz de una lámpara de alabastro, cerraba los ojos para no verla.

CAPÍTULO VI: DECLARACIÓN DE AMOR

Una mañana, cuando Teófilo se hallaba encerrado en su oratorio, cubriendo de lágrimas el centón de los divinos ejemplos, un hombre fue a llamar a la puerta de su palacio, y tanto insistió en ser anunciado, que los servidores acabaron, al fin, por decírselo al conde.

—¿Quién es? —preguntó este.

Y cuando oyó que le contestaban:

—Un religioso.

Dio orden de que lo llevaran en el acto a aquel santo refugio.

«Aquí —pensó— ese hombre de Dios estará al abrigo de las imágenes mundanas que pueblan mi vivienda».

Luego, reconociendo en el que entraba a uno de sus vecinos de la montaña de Kapsikavala, quiso estrecharlo entre sus brazos.

Pero el cenobita, rechazándolo con gesto seco, le dijo:

—Vengo a buscarte, y no regresaré a nuestro retiro sin llevarte conmigo.

Una luz de esperanza brilló en los ojos del esposo de Eudosia, al figurarse que si aquel hermano acudía así, desde sus remotos acantilados, solo para llamarlo de nuevo hacia el camino de la penitencia y de la castidad, era, sin duda, porque el Señor lo enviaba.

—"¿Es la voz de Jesús la que te ha ordenado que vengas a sacarme de este infierno? —le preguntó, tratando de cogerle las manos para besárselas.

—Es mi deseo de que no mueras en el pecado...

Desde que, sin despedirte, después de una visita al monasterio de Lavra, desapareciste de nuestra península sin decirnos adiós, nadie volvió a saber nada de ti. Conociendo tu celo y sabiendo el entusiasmo con que a veces hablabas de imitar la conducta sublime de los grandes solitarios de otro tiempo, yo pensé que de fijo te habías ido al desierto de Nitria para seguir, a través de los siglos, las santas huellas de Antonio, de Pablo, de Simón, de Macario. Y esto, lejos de causarme pena, me daba envidia, pues el único reproche que podemos hacer al Monte Athos es que su clima sea demasiado benigno, que su agua sea demasiado pura, que sus piedras mismas produzcan hortalizas demasiado suculentas.

Más de una vez, en mis largas horas de meditación, al borde del mar, contemplando las velas que corrían hacia el sur, tuve anhelos de embarcarme para huir, como tú, hacia la Tebaida o hacia Palestina.

Pero la idea de que, en todas partes, fuera de nuestra comarca, me exponía a encontrarme en compañía de las mujeres, me hacía renunciar en el acto a todas mis veleidades de éxodo.

Porque los tres enemigos del alma, que son Mundo, Demonio y Carne, se reducen realmente a uno solo, que se llama Mujer...

¡Oh, los ardides infinitos! ¡Oh, las redes sutiles de las hijas de Eva!

Tú sabes lo que por ellas sufrieron nuestros más gloriosos santos, a pesar de que gozaban de la protección de Dios...

Tú sabes que algunos de ellos, sintiendo que el único medio de no sucumbir era suprimir todas las posibilidades del pecado, no vacilaron en mutilarse.

Pero ¿de qué sirve disminuir nuestro cuerpo, si nuestro espíritu puede seguir pecando?

Por eso, seguro de que nuestra comarca es entre todas privilegiada gracias a la indulgencia que la libra de los fantasmas femeninos, me resigné a no moverme.

Pero te envidiaba...

Envidiaba tu fortaleza, tu confianza en ti mismo, tu desdén absoluto de las tentaciones mujeriles...

Le pedía al Señor que me permitiera seguir tu ejemplo...

¡Oh, sacrilegio!...

Y cuando yo así vivía engañado, tú, aquí, hundido en la apostasía, sumido en las abominaciones, gozabas, en brazos de una mujer bella e impúdica, de todos los deleites infernales.

Cuando un recién llegado me lo dijo en Kapsikavala, no quise creerlo.

No pude creerlo.

Fue necesario que viniese yo mismo, para verte, como te vi ayer, en tu jardín, a través de las ramas de los rosales, sentado junto a una criatura de belleza tentadora...".

—Hermano —gimió Teófilo, cayendo de rodillas—, hermano, tú no sabes... tú no sabes... Es Dios quien me ha traído aquí... Pero si por tus labios Dios me dice que ya ha durado bastante mi sacrificio, no esperaré un minuto para seguirte...

Sin parecer oírlo, el solitario prosiguió de esta manera:

—Nuestra Santa Montaña no perdona a los que la abandonan para servir al demonio del amor. ¿No recuerdas, acaso, la terrible historia del fundador del primer monasterio de la península? Se llamaba Nicéforo Focas, y era, en el Imperio bizantino, el general más prestigioso. Gracias a su bravura, los infieles turcos no asolaban ya las tierras cristianas del Basileo, los emires hamdánidas de Siria respetaban las fronteras románicas y los árabes abandonaban, espantados, la isla de Creta. Dios lo protegía hasta el punto de que, en los días aciagos en que el todopoderoso parakimómeno Bringas decidió hacerle sacar los ojos en una emboscada de palacio, la voz del cielo le reveló el secreto del criminal designio, ordenándole que se refugiase en Santa Sofía mientras el Senado le confirmara su mando de las tropas imperiales. En aquel momento, san Atanasio había ido al Monte Athos a edificar un monasterio, por orden del ilustre guerrero.

—Cuando tu obra esté terminada, yo seré el primer religioso que allí se consagrará a la penitencia y a la oración.

Estas palabras de Nicéforo a su director espiritual todo el mundo las conocía.

Y como Nicéforo vivía en su campamento cual un monje guerrero, rodeado de sacerdotes, alejado de los placeres, el pueblo lo veneraba por su santidad, además de admirarlo por su valor.

Pero ¡ay!, la emperatriz que reinaba en Bizancio como regenta del Porfirogéneta Basilio era Teófano, la joven viuda de Román II.

Y Teófano era tan bella, que los poetas la comparaban con Helena de Troya y que todos los reyes del mundo aspiraban a su mano...

Pero ella, orgullosa y egoísta, prefería no compartir el poder sino con su hijo, el cual apenas tenía cinco años.

¿Quién hizo que aquellos dos seres se encontraran?...

Seguramente el demonio.

Porque en cuanto Nicéforo sintió en su cuerpo de asceta la caricia de las miradas de Teófano, su castidad se fundió cual una coraza de plomo entre las llamas de la tentación...

—La muerte no me inspira miedo —exclamó Teófilo.

—El esposo de Teófano murió en pecado mortal —le contestó el religioso.

Entonces, el conde sintió un largo escalofrío en todo su cuerpo y murmuró:

—¡Que Jesús misericordioso me guarde de tamaña desgracia!

—Abandona, en ese caso, la vida que ahora llevas entre el lujo y la lujuria, y sígueme...

—Mi lujo, mi único lujo, aquí lo tienes: es este oratorio, es esta cruz, es este libro... Mi lujuria es un sacrificio sin placer...

—No importa: sígueme, déjalo todo, no vuelvas la vista hacia atrás... Ven... No tenemos un minuto que perder... Ven...

—La santa Iglesia me ha unido, por el lazo sacramental del matrimonio, a una mujer.

—Puesto que tú habías hecho votos de castidad, nadie podía casarte sin que antes el patriarca te relevara de tus juramentos.

—Alguien más grande que el patriarca lo hizo.

—¿Quién es más grande en la tierra?

—En la tierra y en el cielo, el único grande es Dios... A él he obedecido... Pero si tú me traes otro mensaje del cielo, te seguiré... Dime que vienes enviado por Jesús...

Hubo, en el oratorio, un largo silencio, solo interrumpido por la respiración jadeante de aquellos dos seres apasionados y sinceros.

Al fin, Teófilo preguntó al otro:

—¿Te ha mandado Jesús?... ¿Has oído su voz?...

—No —contestó el religioso.

Y sin aceptar el ósculo de paz que su antiguo compañero le ofrecía al despedirse, desapareció por entre los árboles del jardín, lentamente, cual una sombra...

Siguiendo una costumbre antigua en su familia, Eudosia organizó para el Día de San Atanasio, en la primera semana de mayo, bajo el signo de los gemelos, el festín tradicional al cual asistían siempre sus parientes y sus amigos.

—Todos los años —dijo la princesa a su esposo—, esa noche es de extremada licencia en nuestra casa.

El alba nos sorprende aún en la mesa oyendo canciones y viendo danzas.

Los jóvenes que se sientan al lado de sus novias suelen, cuando han bebido mucho, mostrarse insoportables.

Si tú quieres, esta vez exigiremos una conducta más correcta...

—No. No cambies nada a los hábitos de siempre —le contestó el conde.

En el acto, las invitaciones fueron enviadas y un mayordomo recibió el encargo de buscar, para amenizar la fiesta, a dos maravillosas bailadoras persas que tenían entonces una incomparable fama entre la aristocracia bizantina.

La noche del banquete, Teófilo fue el primero en sentarse a la mesa.

Nada de lo que vio a su derredor pareció perturbar su serenidad resignada.

Habiendo aceptado el mandato de Jesús con todas sus naturales consecuencias, se creía en el deber de dar al César lo que es del César, inclinándose ante las necesidades sociales.

A los hombres y a las mujeres que asistían a la cena, los conocía.

A las danzarinas, ni siquiera las miraba.

Además, como aquellas juglaresas evitaron, al principio, monopolizando la atención general, que se entablasen las inevitables disputas teológicas que eran de rigor en las reuniones bizantinas, Teófilo se alegró del éxito que lograban agitándose y cantando, pues nada le era tan insufrible como tener que contestar a las insidiosas preguntas que solían dirigirle los que se interesaban por el arcano religioso de su alma.

Enlazadas cual las hijas de Lesbos, las dos juglaresas asiáticas salmodiaban un himno al amor:

—Nos llamamos Narani y Domihi —decían—, y nada, nunca, nos separa: ni la noche, ni el miedo, ni los gritos de los hombres que querrían saborear el fruto prohibido de nuestras bocas; nada, nada; nuestros vientres tiemblan juntos, cual las aguas agitadas por el viento; nuestros pechos se rozan cual aves que se acarician; somos dos, y somos una cuando nos desmayamos en el mismo éxtasis...

Luego, en silencio, uniendo sus cuerpos apenas ocultos entre velos claros, continuaban la lenta danza de los estremecimientos.

Algunos de los comensales, dirigiéndose a sus vecinas, trataban de demostrar, apoyándose en textos de filósofos atenienses o de padres de la Iglesia, que el amor es, al mismo tiempo, lo más natural y lo más monstruoso, lo más santo y lo más diabólico.

—Todo es bello cuando son bellos y sinceros, de una ardiente y pura sinceridad, los que lo ejecutan —dijo un anciano de barba florida—, por eso adoramos a Sócrates y a sus jóvenes sofistas, lo mismo que a Safo y a las citaredas que se desmayaban entre sus brazos.

Otro anciano, flaco y lívido, envuelto en una túnica de seda verde, exclamó:

—¡Abominación de las abominaciones!... Dios nos manda amarnos y multiplicarnos, y ser los unos para los otros en alma y en cuerpo, pero siempre dentro de la Ley. Y si los paganos perecieron, es porque pecaron contra la Ley, que es la tabla del Mandamiento del Amor, a saber: cada hombre con una sola mujer hasta el final de su vida. Y así, Pablo el apóstol, en su Epístola a los Romanos, les dice:

«Por lo cual Dios los entregó a inmundicia en las concupiscencias de sus corazones, de suerte que contaminaron sus cuerpos entre sí mismos;

los cuales mudaron la verdad de Dios en mentira, honrando a las criaturas antes que al Creador. Por eso Dios los entregó a afectos vergonzosos, pues sus mujeres mudaron el natural uso en el uso que es contra naturaleza; y del mismo modo también los hombres, dejando el uso natural de las mujeres, se encendieron en sus concupiscencias los unos con los otros, cometiendo cosas nefandas hombres con hombres y recibiendo en sí mismos la recompensa que convino a su extravío».

Una pálida dama rubia, que permanecía rígida cual un ícono bajo el peso de una tiara cubierta de pedrerías, murmuró, mirando con ojos voraces a las danzarinas persas:

—Yo comprendo todas las pasiones y todas las perversiones, cuando se trata de un hombre y una mujer. Pero que dos mujeres se amen, me parece tan horrible como que se amen dos hombres.

A lo cual, gravemente, un comensal risueño y enorme, acariciándose la cabellera con los dedos llenos de grasa, contestó:

—Pensáis lo mismo que el apóstol Pablo, y seguramente la moral cristiana está de vuestra parte. Pero en Persia se practica una religión que no es la nuestra. Además, por encima de todas las religiones, y tal vez por fortuna para la voluptuosidad, está la naturaleza humana, que muy a menudo obra de un modo contrario a todas las leyes naturales y divinas. Si lo único que une a dos seres del mismo sexo es el efímero deseo del deleite carnal, sin duda, merecen ser despreciados. Pero ¿quién nos dice que no hay almas capaces de sentir hondas pasiones andróginas y de poner tesoros de castidad en lo que a nuestros ojos solo es vicio?

La rubia exclamó:

—¡Es horrible hablar así!

Un joven dijo en tono sentencioso:

—En asuntos de amor, no hay teorías. No hay más que hechos. El amor es siempre un milagro. Cuando no embellece, mata. Cuando no santifica, condena.

Otro joven, con acento irritado, protestó gritando:

—La religión no nos prohíbe entregarnos a los placeres del amor. Lo que nos ordena es que no olvidemos el simbolismo de los ritos místicos...

—¡Deteneos! ¡No blasfeméis contra la obra de Dios! —gritó el anciano de las barbas floridas—. ¿Cómo iba el Señor a detestar la carne, puesto que él mismo es la divinidad encarnada? A vuestro maestro Eusebio contestadle con la historia del pecho de santa Ágata.

—Contadnos esa historia —clamaron varias voces femeninas.

Entonces, en medio del silencio, el defensor de la belleza habló de esta manera:

—Ágata era, al decir de su biógrafo Jacopo de Vorágine, la más bella doncella de Catana, y la belleza de su alma parecía tan admirable como la de su cuerpo.

Pero los paganos solo veían su hermosura material, y por eso querían gozar de ella.

El más exigente fue el cónsul Quinciano, que, siendo todopoderoso en Sicilia, creía que ninguna mujer podía resistir a sus deseos.

Cuando se convenció de que aquella joven cristiana no consentiría nunca en ser juguete de su lujuria, la acusó de blasfemar contra los dioses del Imperio y la entregó a los verdugos con orden de torturarla en lo que tenía de más perfecto en su cuerpo, que eran sus senos claros, menudos y redondos cual las copas de Corinto.

Así, pues, los verdugos le retorcieron los pechos, deformándolos, vaciándolos y convirtiéndolos en dos diminutas blandas, vacías y arrugadas.

Luego, encerraron a la infeliz en un calabozo.

Por la noche, nuestro Señor se presentó ante ella y le dijo:

—No llores ni te desesperes por haber sido mutilada en tus senos, pues si mi Padre te los ha dado perfectos, es para que los conserves así mientras seas joven, y por eso déjame que te los cure.

Y pasando sus manos sobre los pechos muertos, estos resucitaron, cual si dos pichones, ya puestos en la sartén, se hubieran convertido en palomas blancas.

Después de hablar así, saboreando los murmullos que sus palabras provocaban, agregó:

—Jesús fue siempre indulgente para con las mujeres enamoradas, y hasta puede decirse que las protegió contra los fariseos enemigos del amor.

Porque la idea de que el amor puede ser pecado es una invención puramente judía, una locura de esencia levítica, contra la cual protesta la enseñanza evangélica y el ejemplo vivo del Cristo.

Lo que él nos prohíbe, en efecto, es desear a la esposa ajena y cometer adulterio.

Las interpretaciones del sexto mandamiento tal cual aparecen en algunas glosas eclesiásticas son falsas y absurdas.

¿Cómo iba Dios a decirnos lo que repiten los frailes, cuando tal orden, rígidamente obedecida, habría significado el fin de la especie humana?

Su Padre dijo, por el contrario:

—Creced y multiplicaos.

Él dijo también:

—No matarás; no adulterarás; no dirás falso testimonio; honrarás a tu padre y amarás a tu prójimo como a ti mismo.

Esto es todo.

¿Hay ahí algo contra el amor? No.

¿Algo contra la alegría, contra el goce? Nada.

En otro lugar del Evangelio, leemos:

—Mas, ¿quién de vosotros podrá, acongojándose, añadir a su estatura un codo?

Y leemos también que dijo a María Salomé:

—Aliméntate de todas las hierbas, pero no te alimentes de las que son amargas.

Además, ¿no lo vemos, acaso, a él mismo, en casa de Marta, excusar a María, que, como los lirios, no hila ni trabaja, sino que ama?...

¿No lo vemos, más tarde, dejarse perfumar la cabellera por una mujer cuyo nombre no quiere san Mateo decirnos, pero que nosotros adivinamos?...

Y es que, antes de ser la santa de la Divinidad del Señor, la Magdalena fue la santa de la Humanidad del Señor.

Y la preferencia de Jesús se comprende con solo notar que es a ella a quien primero busca al resucitar de entre los muertos y volver a la tierra.

Me decís, sin duda, que en aquella suprema entrevista le grita:

—¡No me toques!

Pero esto mismo, ¿no indica acaso que ella tenía costumbre de tocarlo, de acercarse a él, de acariciarlo?...

Uno de los padres de la Iglesia nos asegura, a este respecto, que el no me toques fue dicho para convertir el amor humano de María en un amor divino.

Lejos de destruir la verdad natural, tal glosa eclesiástica la confirma...

—Permitidme una pregunta —gritó un poeta de grandes ojos azules y de perfil semítico que hasta entonces había permanecido en silencio junto a Teófilo—. ¿Dónde habéis visto, vos que habláis así de los judíos, un pueblo que haya cantado y practicado al amor con tan sublime gravedad como el pueblo elegido? Todo el Antiguo Testamento es un grito de pasión, un sollozo de deseo, un murmullo de voluptuosidad. En este sentido, la poesía de los griegos y de los romanos, y también la de los alejandrinos, y también la nuestra, resulta, si se la compara con la hebrea, helada y pálida, hasta el punto de que cuando alguien acostumbra a su alma a vivir entre las llamas de los salmos y de los cantares bíblicos, no puede ya ponerse al sol de la literatura helénica sin sentir que el frío le llega a la médula...

Así habló el poeta.

Y al escuchar en sus labios prestigiosos los nombres de Lea y Raquel, Teófilo sintió un escalofrío que hizo vacilar la sombra de sus pestañas en la penumbra de sus ojeras.

Pero aquel movimiento no duró sino un segundo.

La dolorosa energía del conde se sobrepuso a su inquietud interior, y su razón religiosa, forjada en el culto de la pureza, en el miedo del deseo, en el desprecio del pecado, se sobrepuso al instinto.

Los únicos discursos que le preocupaban eran los que, para expresar teorías eróticas, se servían de textos sagrados.

«¿Serán embustes, serán imposturas, serán traducciones falsas?» — se preguntaba al escucharles.

Y sostenido por su fe, terminaba siempre sus mentales soliloquios murmurando:

—¡Vade retro, Satanás!... ¡Vade retro!...

El anciano que antes había provocado la fogosa respuesta del poeta, le contestó:

—No es por los israelitas de las grandes épocas bíblicas por los que he proferido lo que vos llamáis denuestos, sino por la generación hipócrita, apagada y degenerada de los escribas y fariseos, a quienes Jesús llama sepulcros blanqueados y que, de todo lo que Jehová dictó a sus profetas, no conservaban en tiempos de Herodes sino la letra implacable de las prohibiciones y de las maldiciones levíticas.

Tales hombres, celadores de una fe caduca, detestaban los fuertes soplos de la pasión espontánea, de la pasión generosa que sale del alma.

Y contra ellos es contra quienes el Señor predicó su Santo Evangelio, haciendo revivir en el pecho de la humanidad la llama del amor, no tal cual la vemos en los tiempos de David y de Salomón, voraz, criminal, egoísta y llena de complicaciones cerebrales, sino simplificada, suavizada, purificada, santificada puede decirse, gracias al sacramento de la monogamia.

Abrid los Evangelios y notaréis que cada vez que Cristo quiere sugerir ideas de bienaventuranza, evoca alguna imagen relativa a las fiestas epitalámicas.

—¿Pueden, acaso, ayunar los que están de bodas cuando el esposo se halla presente? —pregunta a los que le reprenden por sus modestos regocijos.

Luego va más lejos, puesto que, queriendo dar a los mortales una idea de lo que es el dominio de su Padre, exclama:

—El Reino de los cielos es semejante al dominio de un rey de este mundo que celebra las bodas de su hijo.

Y es que, dándose cuenta de que lo único que hace al hombre digno de acercarse a Dios es el amor, el amor infinito, dentro del cual se halla la misericordia, quiso convertirlo en la piedra angular de su santuario.

Pero antes labró esa piedra, limpiando las manchas que la humedad de la lujuria milenaria había puesto en ella y puliendo sus asperezas de crueldad y de violencia.

Por eso los que vemos con espanto esas llamas devoradoras de deseo incestuoso que incendian todo el Antiguo Testamento, comprendemos que a Cristo se le considere como el Redentor, puesto que vino a redimir al amor, impregnándolo de ideal, de sentimiento, de ternura.

Recordad un pasaje de San Juan, que para mí es el más significativo de la existencia evangélica, y que reza:

—Cuando Jesús vio a María Magdalena con el rostro cubierto de lágrimas, se estremeció en espíritu y se sintió todo turbado...

¿Qué es este estremecimiento sino la ternura, y qué es esta turbación sino la sentimentalidad antes nunca sentida por los hombres?

La santa madre Iglesia no es opuesta al amor.

Al contrario, lo ha santificado, convirtiéndolo en un sacramento.

Lo único que anatematiza es el amor adúltero y el amor perverso.

Pero el amor verdadero y natural, el que no debe tener más objeto que el de multiplicarnos, el que no ve sino la reproducción de la especie y que solo eso busca en sus actos, es santo...

Sonriendo, un joven de aspecto tímido le contestó:

—Tened cuidado con lo que acabáis de decir, pues, sin notarlo, al señalar un objeto preciso al amor, lo reducís a un acto único y material, ya que solo con ese acto se llega a la concepción y a la multiplicación.

Así, por ejemplo, el beso, el divino beso en que comulgan las almas, quedaría suprimido de vuestro programa como inútil y, por lo tanto, perverso.

Y las dulces caricias que hacen palpitar los pechos, también...

—Estáis en lo cierto, joven —clamó el anciano—, estáis en lo cierto.

El amor no tiene ni límites ni barreras, puesto que es una manifestación misteriosa de la voluntad divina, un misterio insondable de la naturaleza.

Sin duda, hay un amor puro, casto, tranquilo, que constituye una riqueza para las almas pacíficas.

Pero, ¿debemos negar que el otro amor, cuando es verdadero e invencible, constituye un crimen que merece castigo?

No, puesto que es el cielo quien lo impone a los mortales y a veces hasta a los mortales elegidos.

Me refiero al amor que obliga a la bella Yocasta de Tebas a casarse con su propio hijo, al que une a Cleopatra con su hermano Ptolomeo Filométor, al que junta a Abrahán con Sara y le da fuerzas para amarla aun en la ignominia de su prostitución, al que embriaga al casto Lot para que pueda gozar de sus dos hijas, al que enciende en el alma del tetrarca el fuego cárdeno del deseo criminal...

Y no me digáis que esos seres son responsables del terrible pecado que cometen.

No.

Algunos de ellos, como Edipo y Abrahán, no hacen más que obedecer ciegamente las órdenes oscuras de sus dioses.

Los otros, todos los otros, que forman el inmenso cortejo de los que se han salido de los senderos apacibles para formar el infierno de las uniones incestuosas, de las uniones trágicas, de las uniones extranaturales, mejor que como culpables, deben ser vistos cual víctimas de la implacable, de la inexplicable divinidad del amor.

Porque el amor no es solo más fuerte que la muerte, según dicen las Escrituras.

Es también más misterioso que la muerte, más misterioso que la fe, más misterioso que la vida y que la locura.

Los que, a través de los siglos, han tratado de sondear sus arcanos, ya sea en banquetes gentiles o en concilios católicos, no han hecho más que agitarse en las tinieblas, no por falta de luz, sino por sobra de vanidad.

Nada más fácil, en efecto, cuando se considera el gran problema con humilde espíritu, que dar con su solución eterna.

El joven de aspecto tímido exclamó, interrumpiendo al anciano:

—Puesto que conocéis esa solución, ofrecédnosla para sacarnos del caos.

El anciano le miró un instante con ojos bondadosos y luego, muy pausadamente, le dijo:

—Escuchadme sin ironía, y si tenéis juicio, me comprenderéis.

El error de los que tratan de definir el amor reside en que lo buscan en los detalles del alma, del instinto y de la razón, obrando como un hombre que en el fondo del mar buscase una sola onda para saber lo que es el agua en su misterio.

El amor es todo, el amor es la esencia de que estamos formados y de la cual vivimos.

Sin amor no habría ni cuerpo, ni espíritu, ni vida.

Todo cabe dentro del amor.

Sin amor, no existiría la humanidad, ni existirían tampoco los dioses a quienes hemos creado con nuestro amor.

Y así será, ¡oh, joven!, hasta la consumación de las edades y hasta el fin del mundo, que no advendrá cuando el sol se apague, sino cuando los corazones se sequen.

Luego agregó con energía:

—Pero mientras haya dioses en el cielo y hombres en la tierra, no se secarán...

—Tenéis razón —murmuró el poeta.

Luego, con su voz armoniosa de recitador de madrigales, el poeta se expresó en estos términos:

—Hay en la religión de los griegos un mito más profundo que el de los misterios eleusíacos. Cuando Némesis, la dura justiciera, quiere probar la grandeza de alma de un ser superior, le presenta la copa de bronce en la cual se encuentra, como en un santo grial pagano, el corazón de Pandora, madre de la raza humana, que sangra por las siete heridas de sus desilusiones.

—Cura este corazón doloroso —le dice— y entonces conocerás la dicha suprema.

Recordad que Pandora encarna el encanto femenino con todo lo que hay en él de pérfido y de sublime. Para adornarla, antes de dejarla bajar al mundo, Hefaistos le concede la gracia de las ninfas; Palas la viste de telas maravillosas y le abrocha la cintura que solo su amante debe desatar; Venus le enseña los secretos de la voluptuosidad; las Gracias ponen en su garganta un collar de oro; el asesino de Argos, en fin, infiltra en su pecho el secreto de las más terribles falacias.

Además, el padre de los dioses le entrega una caja en la que están encerrados todos los dolores, todas las pasiones, todas las tormentas y también todos los dones sublimes, cual la esperanza y el amor.

Cuando esta caja es abierta por el incauto hermano de Prometeo, los males alzan el vuelo e invaden el universo. Solo la esperanza queda en poder de la diosa. Pero como la esperanza no basta para la ventura, su corazón comienza a sangrar, aguardando el día en que un ser entre los seres logre, con su fe, con su fuerza, con su entusiasmo, curar sus heridas.

Para mí, cada mujer es una Pandora, que lleva un corazón lacerado, y cada hombre es un Prometeo, que no se escapa de la tristeza sino cuando consigue, gracias al amor, curar ese corazón.

La dama rubia lanzó al sutil glosador de fábulas mitológicas una mirada muy tierna y murmuró palabras que hicieron sonreír irónicamente a sus vecinos.

El anciano, después de meditar en silencio, acariciando las corolas de las flores que agonizaban entre sus manos, dijo con voz reposada:

—El verdadero Prometeo es Jesús nuestro Señor.

Y no hablo así pensando en que él también se rebeló contra la crueldad de su Padre, el Jehová torturador y destructor de la vieja Biblia, sino porque nos trajo del cielo el fuego del amor, la luz de la misericordia, las iluminaciones de la fe y el resplandor de la esperanza.

Abrid el Evangelio, y veréis que de sus páginas salen todos los resplandores que pueden convertir la existencia de cada mortal en un paraíso interior.

Allí también está Pandora con su caja henchida de pecados, de dolores, de astucias y de amenazas.

Se llama María Magdalena, y tiene los collares, las túnicas, las seducciones y las perfidias de su abuela pagana.

Si Jesús hubiera sido lo mismo que Prometeo, un ser sin confianza en su propia omnipotencia, al verla llegar la habría rechazado también.

Pero Jesús sabía que todo lo que hay de terrible y de detestable en el fondo de los pechos humanos, se convierte, cuando ha sido fundido en la llama del amor, en la más sublime de las virtudes, que es el sacrificio, el don absoluto de sí mismo, el abandono supremo de nuestra voluntad en aras de otra voluntad.

Por eso, en vez de dejarla seguir su camino con la copa de sus dolores y de sus pecados, le concedió el inefable don de su amor, transfigurándola en el símbolo de la carne santificada, embellecida, purificada por la pasión.

El conde se había inclinado para escuchar estas últimas palabras. En sus pupilas húmedas brillaban dos chispas fosforescentes. Sus labios palpitantes parecían hacer un esfuerzo para contener una pregunta.

—¿Quieres algo, dueño mío? —le preguntó Eudosia, inclinándose también del otro lado de la mesa.

Las miradas de los dos esposos se encontraron, se acariciaron. Y mientras en los ojos de ella podía leerse la infinita ternura de la bienaventuranza, en los de él ardía la perpetua angustia de sus interrogaciones secretas.

El joven de perfil semítico, satisfecho del efecto que sus discursos producían entre las damas, se dirigió al anciano de las níveas barbas, rogándole que le dijera si tenía algunas observaciones que hacerle.

—Ninguna —le contestó el docto patriarca bizantino—. Los poetas tienen siempre razón.

Y después de apurar una copa llena hasta los bordes de vino de Siracusa, continuó de esta manera:

—En el fondo, todas las religiones son un himno de amor, un misterio de amor, un ejemplo de amor.

Me diréis, tal vez, que hay en las vastas comarcas de Oriente una doctrina que sirve de faro a la mitad de la humanidad y que predica el odio del amor y de los goces.

En efecto, el budismo es enemigo de todos los regocijos espirituales y materiales, y el Buda, dirigiéndose a su hermano el príncipe Nanda, le habla en estos términos, que a los santos de Benarés les parecen sublimes, y que yo encuentro monstruosos:

—¿Cómo puedes, oh desgraciado, ser feliz en medio de las tinieblas?

Despójate primero del goce, si quieres llegar a la luz, porque del goce nace el dolor, del goce nace el miedo.

Para el que desconoce el goce, no hay ni dolor ni miedo.

Despójate también del amor, porque del amor nace el dolor y el temor.

Para el que no conoce el amor, no hay ni dolor ni temor.

Si buscas la dicha en la tierra, tus placeres se trocarán en penas.

Que el mundo no sea para ti sino un sueño, y te salvarás de las penas.

Pero en el budismo, al lado de Buda, está la bella Gopa, su esposa, y esta es un símbolo de pasión tan fogoso cual la Sulamita del Cantar de los Cantares, aunque más espiritualizado y, por lo mismo, menos humano.

Y a lo largo de la leyenda, en que vemos al bienaventurado buscando el nirvana, la voz sollozante de la mujer abandonada sube hacia el cielo en ardientes trovas de adoración, que no se resigna nunca, que dura hasta en la vejez, que cada día se hace más fuerte.

—¡Oh!, tú eras mi goce —clama en su cámara solitaria la infeliz—; tú, cuya voz es tan dulce; tú, que tenías todas las bellezas y todas las virtudes; tú, que al inclinarte sobre mí me embriagabas con tu aliento de flores; tú te hallas lejos ahora y solo me dejas los ojos para llorar y el alma para padecer.

¿Qué será de mí sin ti?

He perdido mi tesoro, he perdido la luz.

Tú eras mi vista y me dejas ciega; tú eras mi gozo y me dejas en la tortura.

Y cuarenta años más tarde, cuando el miserable Devadata, que es algo así como el Judas del budismo, va hacia la anciana Gopa, que llora aún, y le aconseja que se vengue del abandono de su esposo, le contesta con un nuevo cántico de infinita adoración y de inefable fidelidad.

Una voz de mujer murmuró:

—Es admirable esa leyenda.

Y el anciano le dijo:

—Pues aún hay algo más admirable, más significativo como lección eterna, en las religiones milenarias de los imperios orientales... —Me refiero al mito babilónico de Istar y de su esposo, el ángel rebelde.

Cuando este, en castigo de su orgullo, fue precipitado en el infierno por orden de los dioses, sus hermanos, la diosa se desmayó de dolor, y su desmayo duró cien años, al cabo de los cuales, considerándola curada de su funesto amor, Istubar la hizo volver en sí y le aconsejó que dirigiera sus preces hacia el cielo.

Pero ella, sin escucharlo, echó a volar, con sus alas de oro, hacia el abismo, en busca de su adorado.

Al llegar al primer círculo infernal, las sombras le dijeron:

—Si quieres pasar, danos tu tiara de luz.

Y ella se la dio gritando:

—¡Tomad, tomad todo lo que tengo, con tal que me dejéis los ojos para verlo, las manos para acariciarlo, los labios para besar sus labios!

Y pasó.

En la puerta del segundo círculo, otras sombras le pidieron sus alas, y ella dio sus alas gritando:

—¡Lucifer, Lucifer, amor de mi ser, ven hacia mí!

Luego, al ir a transponer los límites del tercer círculo, que es el último de las cavernas infernales, otras sombras le arrancaron su túnica de estrellas, y la infeliz se sintió desnuda y tuvo frío a pesar de las llamas que la rodeaban.

Entonces, una voz le gritó:

—Tu esposo está muy lejos de aquí, y solo yo puedo hacerlo salir de su mazmorra. Si quieres verlo, es preciso que antes me pertenezcas y me ames, porque todos los seres que llegan a este antro deben ser míos y amarme.

La diosa le contestó:

—Miserable, yo no puedo pertenecer sino a Lucifer, que es la belleza y el dolor. Tú mientes, tú no lo tienes en tus cavernas. Déjame que pase para compartir con él las torturas, como he compartido los deleites de nuestro lecho celestial.

Entonces la voz misteriosa dijo:

—¡Aparece!

Y Lucifer surgió entre las llamas, con las alas atadas, con el rostro lívido, con las mejillas cubiertas de lágrimas de fuego, con los pies ensangrentados.

En sus pupilas, donde solo el orgullo indomable había lucido hasta entonces, se encendió al ver a Istar la luz de la ternura. Pero sus labios no pudieron pronunciar una palabra.

Una nube roja ocultó de nuevo al ángel rebelde, y un dragón llevó fuera del infierno a la diosa sin alas.

Al verse sola, Istar dijo:

—Jamás volveré al cielo.

Y con la esperanza de encontrar algún día entre los hombres a su amado, se encaminó lentamente hacia la tierra.

—Ya veis, pues, que nuestro santo abuelo Salomón no mentía, ni siquiera exageraba, al decirnos que el amor es más fuerte que la muerte.

Después de saborear los murmullos de satisfacción que sus doctas palabras provocaban entre las damas bizantinas, el anciano agregó:

—Si no temiera cansaros, os hablaría también de los misterios de Eleusis, que son un mito de amores infernales, o, mejor aún, de los amores de Isis y Osiris, que encarnan el alma enamorada del Egipto religioso en una incestuosa pareja de divinos amantes.

Varias voces clamaron:

—¡Hablad sin temor de fatigarnos!

Entonces el anciano, deshojando las rosas que adornaban el centro de la mesa, dijo:

—La diosa Isis tenía dos hermanos, uno de los cuales se llamaba Osiris, y era al mismo tiempo su amante o su esposo.

El otro, Seth, por celos, por envidia, por crueldad natural, decidió cierto día matar a Osiris, y en medio de un banquete, con la ayuda de setenta y dos gigantes, lo metió en un ataúd de plomo y luego mandó echar el ataúd al mar.

Cuando la diosa se enteró de lo que acababa de pasar, se cortó la cabellera, se vistió de luto y, dando grandes alaridos, comenzó a recorrer el mundo en busca de los despojos amados.

Lo que la animaba en su frenética carrera por las costas fenicias y sirias no era el deseo de dar sepultura al cuerpo del muerto.

Una hermana que no es sino hermana puede contentarse, como la Antígona griega, con cumplir, aun a riesgo de su propia vida, este piadoso deber fraternal.

Pero Isis, más que hermana, era esposa.

Lo que quería no era un cuerpo muerto, sino un cuerpo vivo.

Los magos le habían jurado que, de no faltar ningún miembro al cadáver, lo resucitarían en toda su belleza y en todo su ardor.

Y ella corría, ella fatigaba al eco con sus clamores, ella humedecía la tierra con sus lágrimas, ella hacía oscurecerse el cielo con su negro dolor.

Al fin de muchos años, el ataúd de plomo fue hallado en el país de Adonis, escondido entre las zarzas de Biblos.

Las mujeres tebanas condujeron con gran pompa el cofre fúnebre hasta Egipto y lo depositaron en el templo de Buto.

Por desgracia, antes de que los magos acudieran, Seth logró apoderarse del cuerpo intacto y lo cortó en catorce pedazos, que fueron dispersados por los demonios a lo largo del Nilo.

Desesperada, pero no desesperanzada, gimiendo siempre, clamando su amor y su dolor, la fogosa viuda emprendió de nuevo la búsqueda.

Se consagró, durante años y años, a reunir los miembros dispersos de su amante, envolviéndolos, a medida que los hallaba, en una figura hecha de cera y de aromas, a imagen y semejanza de un ser mortal.

Pero, por mucho empeño que todos los dioses, ligados contra el duro Seth, pusieran, nunca pudieron encontrarse sino trece de esos miembros.

Y por eso, desde entonces, los egipcios tienen una divinidad muerta, a los pies de la cual una diosa viva, una diosa enamorada, llora sin cesar, esperando el día entre los días en que las aguas del río verde consientan en devolverle el fragmento de carne adorada que los magos esperan para realizar el milagro de la resurrección.

Cuando el anciano terminó su discurso, una voz irónica dijo:

—¡Felices los hombres y los dioses del Egipto! Entre nosotros, me parece que no hay una sola mujer capaz de ser llamada hija de Isis.

El joven Anastasio Cantacuceno exclamó:

—¡Una hay, por lo menos!

Y poniendo una corona de jacintos en la cabeza de su prima Eudosia, agregó:

—Hela aquí, bella como la esposa de Osiris.

Un nuevo canto de las dos apsaras, que se habían despojado de sus ligeros velos y ondulaban ostentando la delgadez anillosa de sus cuerpos con movimientos serpentinos, cogidas por el talle, rozándose los flancos, provocó un rumor de admiración.

—¡Es indigno! —clamó la pálida rubia.

Mas cuando el hombre enorme preguntó si querían las señoras que se ordenase a las danzarinas que se pusiesen de nuevo sus túnicas, nadie contestó.

Con la vista fija en las vírgenes persas, las mujeres, muy graves, algo crispadas, apuraban sus copas. Y el anciano de la barba florida seguía haciendo gala de erudición y de amable filosofía.

—Creer que los santos han amado menos que los pecadores —decía— es desconocer la verdad.

Hasta los ancianos cenobitas de la Tebaida vivían luchando contra lo que ellos llamaban la tentación y que, en el fondo, no es sino el amor en una de sus formas, y no por cierto la más bella ni la más pura.

San Bernardo, en sus epístolas, nos asegura que el amor comienza por la carne y acaba por el espíritu.

La realidad de esta máxima la encontramos demostrada de mil maneras en las vidas de muchos bienaventurados.

Recordad la historia de san Gengoul de Borgoña, cuyos milagros han sido cantados por Iparco.

Aquel santo del siglo VIII, que transportaba los manantiales con solo el poder de su fe, dijo al Señor que por amor suyo estaba dispuesto a ser un nuevo Job, un nuevo Tobías, sin quejarse jamás.

Y el Señor le dio entonces mil penas, y el santo las soportó con angelical paciencia.

Pero hubo un dolor que lo obligó a quejarse, y fue la infidelidad de su esposa.

Cuando Gengoul supo que la miserable compañera de su vida tenía un amante, se sintió sumido, según dice su biógrafo, en tal dolor y en tal perplejidad, que no pudo resistir el impulso de castigarla, y la hizo bañarse en una fuente cuyas aguas le desollaron los brazos.

Pero más significativa aún es la vida de santa Isabel de Hungría, la cual, según sus contemporáneos, tenía una pasión conyugal tan fogosa, que era supra quam credi valeat; y así, cuando se enteró de que su adorado esposo iba a partir con los cruzados, sintió un choque tan doloroso que cayó sin conocimiento.

Mientras estuvo sola, hizo penitencia y oró sin descanso.

Mas en cuanto le anunciaron el retorno del hombre amado, se adornó con todo arte para agradarle.

Por la noche se mortificaba al hacer sus preces, para ir luego al lecho conyugal, ad lectumque mariti reversa hilarem se exhibuit et jucundam.

Y el mismísimo obispo de Génova, Jacopo de Vorágine, tan poco dispuesto siempre a dar al amor lo que corresponde al amor, se ve forzado a confesar que esta gran santa, cuando hizo los votos que le ordenó su director espiritual, maestre Conrado, fue con la reserva expresa de sus deberes conyugales.

Una voz clamó:

—¡Bebamos por santa Isabel amantísima y por su discípulo san Teófilo!

Todo el mundo parecía embriagado, no solo de vino, sino también de luz, de calor, de perfumes, de músicas, de ritmos voluptuosos, de imágenes poéticas...

En el centro de la mesa, el conde, callado, rígido, parecía no oír y no ver.

Su mismo nombre, así aclamado no sin cierta ironía, le dejó frío en apariencia.

Dentro de su cerebro y dentro de su corazón, no obstante, los discursos de sus comensales fermentaban al soplo de su naturaleza apasionada.

Tantos nombres santos envueltos entre frases de amor y de lujuria lo escandalizaban y lo consolaban a la vez.

Unas palabras que algunos meses antes le había dicho un fraile a quien, la víspera de casarse, confiara sus escrúpulos por el mandato de Jesús, acudían a su memoria:

—No tenemos derecho a tratar de penetrar los designios divinos. Piensa en lo que nuestro señor san José habría hecho, si al escuchar el mensaje de la Anunciación hubiera querido considerarlo y analizarlo a la luz del criterio humano.

Esta era la piedra angular de su castillo interior.

«Dios quiere que esté aquí —se decía—. Dios quiere que viva así. Dios quiere que ame así».

Frente a él, Eudosia, avergonzada en apariencia de los discursos, de las risas y de las danzas, parecía pedirle, con sus ojos apasionados, que la perdonara por obligarlo a tomar parte en una fiesta tan profana.

«¡Pobrecilla!» —pensó Teófilo, dirigiéndole una sonrisa tranquilizadora.

Al mismo tiempo, un choque se produjo en su pecho y sus párpados se entornaron para no ver la belleza de aquella criatura a quien su voluntad se empeñaba todavía en considerar desprovista de encantos.

A su oído, como para glosar sus propios pensamientos, uno de sus vecinos murmuró:

—Vuestro amor ha transfigurado a mi prima, convirtiéndola en una de las más bellas damas de Bizancio.

Era Juan Cantacuceno, traductor del Cantar de los Cantares y futuro emperador, quien así hablaba.

Teófilo no le contestó.

Pero Juan agregó:

—Su alma es más bella aún que su rostro.

Cuando los invitados abandonaron la sala del festín, el alba azuleaba ya el horizonte.

Por las grandes ventanas abiertas sobre el jardín, la princesa veía, embelesada, el despertar voluptuoso de la naturaleza.

Uno tras otro, en el sendero que conducía hacia el mar, los altos cipreses iban destacándose, como fantasmas, en la penumbra violeta.

En la espesura negra de los magnolios, las flores color de marfil abrían sus corolas al suave beso de la aurora.

Los pájaros, invisibles entre las ramas, parecían llamarse amorosamente con sus trinos tímidos.

Una ligera brisa, sedeña y cautelosa, pasaba con leves alas entre la fronda auroral para llevar hasta la sala de la fiesta los tibios aromas del otoño.

De pie, junto a la ventana, el conde parecía buscar algo extraño en el firmamento.

La princesa le cogió las manos y se arrodilló ante él.

—¡Te adoro, te adoro! —le dijo con su voz tenue, en la que siempre parecía temblar un sollozo contenido.

—¡Te amo! —le contestó su esposo, poniéndose también de hinojos.

Luego agregó:

—Oremos.

Y durante largos instantes, aquellos dos seres elegidos por Jesús para encarnar el amor confundieron sus preces ante la luz naciente, que ponía una aureola pálida en sus cabezas juveniles.

CAPÍTULO VII: ATORMENTADO POR CULPA DEL PLACER

Al día siguiente, a la hora en que la tarde comenzaba a teñirse de rosa, Teófilo, sintiéndose aún saturado por los efluvios malsanos del festín, experimentó la necesidad de encaminarse hacia las riberas del Bósforo, con objeto de respirar la brisa fresca del crepúsculo. Su deseo era ir muy lejos, hasta cansarse, hasta calmar sus nervios. Pero como Eudosia quiso acompañarlo, se contentó con marchar lentamente hacia el muelle de Mangana, donde, a la sombra de una antigua torre, florecía un boscaje de mirtos y de laureles.

El silencio de aquel lugar apartado, al cual no llegaba sino el ruido monótono de los remos y el rumor alado de las palomas que buscaban sus nidos entre los cipreses, era propicio a las largas ensoñaciones. Muy a menudo, el conde y la princesa iban allí a pasar algunas horas de suave sosiego y, mientras él, taciturno, parecía absorto en la contemplación de los lejanos horizontes, ella, sonriendo, buscaba violetas entre la hierba de un antiguo violarium monacal. Luego, cuando las sombras comenzaban a borrar los contornos de las terrazas genovesas de Gálata, ambos regresaban a su palacio sin prisa, por entre las alamedas murmurantes del barrio de los jardines.

Mas aquella tarde, Teófilo, sentándose en el tronco de un roble abatido, en el cual los remeros solían amarrar las barcas, dijo a su esposa:

—Ven a mi lado...

Y cuando la tuvo a su derecha, le preguntó con voz muy suave, muy afectuosa:

—¿Estás contenta, amada mía? ¿Te sientes feliz junto a mí?

Fue tan delicioso el estremecimiento que la princesa experimentó al oír estas palabras inesperadas, que estuvo a punto de desfallecer. No era la primera vez que su dueño le dirigía frases afectuosas, pero sí la primera vez que le hablaba con tanta ternura, la primera vez que no parecía hacer un esfuerzo al llamarla "amada", la primera vez que su voz, hasta entonces siempre algo seca, se tornaba acariciadora.

—¡Teófilo! —exclamó—. ¡Mi Teófilo!

Y sin poder contener las lágrimas, apoyó su cabeza convulsiva sobre el pecho de su esposo.

—¿Qué tienes? ¿Por qué lloras? ¿De qué sufres? —le preguntó él, lleno de solicitud.

Ella siguió sollozando largo rato. Al fin, con una sonrisa que fue como un rayo de luz entre la lluvia, se puso a murmurar confidencias pueriles, temblorosas y sublimes, en las que toda su pobre alma destilaba, gota a gota, su esencia de amorosa melancolía.

—Vida —murmuraba—, alma, dueño, tesoro, santo... Yo no soy nada... No soy más que una cosa tuya, enteramente tuya, de la que puedes hacer lo que quieras, que no vive sino del reflejo de tu vida, que no querría la existencia lejos de ti, que no piensa sino con tu pensamiento, que no desea sino hacerse digna de servirte de rodillas... ¡Eres tan bello, eres tan puro!... Yo sé que nunca seré merecedora de besar tus pies... ¡Eres tan noble!... Muchas veces, cuando has pasado, me arrodillo para besar tus huellas en las alfombras... Antes de que tú me amaras, yo no existía... ¡Eres tan grande!... Yo no conocía más goces que los de la Iglesia... No había tenido nunca una alegría mundana... No me sentía feliz más que cuando, al pie de la cruz, oraba por ti... Tú no lo sabes... Tú no conoces mi vida, mi infancia, mis tristezas, mis dolores... No hay nadie que haya sido tan desgraciada como yo... ¿Quieres que te cuente? No... No... Ya veo que te aburro...

—Habla, esposa mía...

—¡Dios te pague tu infinita dulzura, mi dueño!... Cuando murió mi padre, hermoso y fuerte cual tú, me quedé sola con mi madre, que era la mujer más bella y más coqueta de Bizancio. Al principio, dejándome siempre al cuidado de las criadas, no pareció darle gran importancia a mi pobre personita. Pero desde que un día cierta dama de la corte le preguntó si era posible que de una criatura admirable como ella hubiera nacido un ser tan poco agraciado como yo, trató de esconderme y de negarme. Con un pretexto pueril, me prohibió que la llamara "mamá". Yo, que la amaba con toda mi alma, que me sentía orgullosa de su elegancia, de su esplendor, de su prestigio, sufrí terriblemente aquel desvío.

No era la humillación lo que me torturaba. Siempre he sido humilde y resignada. Pero me era doloroso pensar que, por pura vanidad, una mujer superior resultaba, así, capaz de renegar del fruto de sus entrañas. Tan monstruoso me parecía aquello, que temiendo que Dios castigara su pecado de vano orgullo, oré sin descanso por ella. Más tarde, cuando la infeliz murió, sin querer siquiera recibirme en sus últimos días para que no me vieran las grandes señoras que la asistían en su agonía, me encontré, a los catorce años, dueña de una gran fortuna y de un gran nombre. Entonces comenzó otra pena y otra amargura ante las intrigas que en el vasto seno de mi parentela se tramaban para casarme. De cada casa amiga salía un niño, un hombre o un anciano que aspiraba a mi mano o, mejor dicho, a mi caudal y a mi corona.

Yo hubiera acabado por sucumbir, aun sabiendo que ninguno de aquellos galanes sentía el menor afecto hacia mí, si Dios no te hubiese colocado en mi camino una tarde del mes de abril, hace exactamente cuatro años... Tú no te acuerdas... Tú no notaste siquiera la impresión milagrosa que tu presencia produjo en todo mi ser. Fue en el palacio de Blanquernes, una tarde en que los emperadores Andrónico y Miguel recibían a la nobleza. En medio de la muchedumbre de caballeros que rodeaban el doble trono, te vi en cuanto entré. Te vi, te amé... Desde entonces no dejé de acudir a las ceremonias en que esperaba encontrarte. Tú me dirigiste algunas veces la palabra, tratándome cual a una niña insignificante.

Razonando, comprendía que un hombre como tú, adorado de todas las mujeres, no debía amarme. Y, sin embargo, algo había en el fondo de mi pecho que me inducía a esperar. Y aunque parezca locura, ese algo no desapareció cuando, renunciando de pronto al mundo y a sus glorias, te hiciste anacoreta. "Vendrá", murmuraban las voces misteriosas de mi esperanza...

Escuchando estas confidencias ingenuas que revelaban un fondo inmaculado, Constantino no podía dejar de evocar el recuerdo del festín de la víspera, durante el cual le parecía haber sorprendido en las pupilas de su esposa luces equívocas de lascivia.

—Anoche —le dijo al fin—, mirabas a las danzarinas desnudas con insistencia, con gusto...

—Perdóname —contestó ella—; las miraba porque me parecía que si yo hubiera podido ser tan bella como ellas, tú me habrías amado más...

Un viento glacial, inesperado en aquella época, sacudía las ramas de los árboles.

De pronto, la lluvia comenzó a caer.

—Apresuremos el paso —dijo Teófilo.

Eudosia temblaba, suspendida de su brazo.

—Tengo frío, tengo mucho frío —murmuró.

Al llegar a su casa, quiso acostarse enseguida, y su esposo la acompañó a su alcoba lleno de solicitud. Pálida, febril, con los ojos brillantes de fiebre, la princesa estaba verdaderamente bella. Su marido se lo dijo al oído con una voz en que temblaban la bondad y la emoción.

—¡Mi vida, mi amor, mi dueño! —gimió ella, atrayéndolo hacia su pecho tembloroso.

Y cuando lo tuvo entre sus brazos, exclamó con voz sorda y profunda:

—¡Qué divino es el amor, ángel mío, santo mío!...

Algunas horas más tarde, arrodillándose ante Jesús, con el rostro crispado por la emoción y la voz quebrada por el llanto, Teófilo Constantino Níforos gemía diciendo:

—¡Dios mío! Todas mis esperanzas de estos años de penitencia, todas mis ilusiones concebidas en el sacrificio constante, todos mis anhelos de perfección espiritual… El soplo de una sola noche ha bastado para destruirlos. Hoy me encuentro de nuevo tan pecador como en el tiempo de mis mayores abominaciones. El demonio me ha vencido. Y hay más culpa en mi derrota que mérito en su victoria.

Yo confiaba, ciego, en que, no siendo bella mi esposa, mi voluntad sabría resistir siempre a la tentación del deleite. Al espíritu malo le bastó embellecerla con su magia infernal para hacerme caer en sus lazos. Y en unas horas, ¡Dios mío!, en unas pocas horas, todo lo que yo creía muerto en mi ser ha renacido, tiránico, impetuoso, febril... Me he extasiado ante su carne; he confundido mis sollozos con sus sollozos en la jadeante ascensión hacia el espasmo; he suspirado de éxtasis entre sus blancos y menudos senos; he sentido que era feliz en su lecho, viendo cómo irradiaba la bienaventuranza de su boca, de sus ojos, de sus brazos, de su pecho...

¡Dios mío, Dios mío! Así he perdido para siempre la gracia que de ti esperaba...

—Hoy has entrado en ella —murmuró una voz muy dulce que venía de las alturas.

Entonces, Máximo, sintiéndose de pronto inundado de divinas claridades, recordó la parábola del mendigo que había obtenido el beso de la princesa de Jerusalén. Y recordó también la historia de santa Ágata y de sus senos acariciados por el Señor... Y recordó lo que había oído sobre la Magdalena y sobre santa Isabel de Hungría...

Y de nuevo dijo:

—Señor, si es cierto que no he perdido tu gracia al entregarme de nuevo a los deleites del amor, te suplico humildemente que me lo repitas.

Y la voz del cielo le dijo por segunda vez:

—Hoy has entrado en ella.

Por las ventanas abiertas del oratorio comenzaban a penetrar en el místico recinto las primeras luces del alba y los primeros cantos de las alondras. Era la hora seráfica que cada mañana da una nueva virginidad al mundo. Entre las ramas de los árboles revoloteaba, con ligerezas pueriles, la brisa murmuradora, que parecía confiar a las cándidas camelias y a las blancas magnolias los secretos amorosos de la noche.

Hacia el este, anunciando la luz del sol y tal vez también la alegría que reinaba en el cielo, se abrían postigos misteriosos en la tapia de esmalte azul del firmamento, para dejar que los hombres, desde tierra, vieran la atmósfera de rosas, de oro y de nácar en que los habitantes del paraíso respiran. Todo era ventura, todo era alegría, todo era voluptuosidad, todo era fiesta en los ámbitos del espacio. Sin duda, algo se celebraba allá arriba, muy arriba.

Pero Teófilo no veía nada. Con la cabeza apoyada en su diestra continuaba leyendo el Evangelio, y a cada instante sus labios murmuraban frases de asombro y de júbilo.

¿Era posible que lo que había de más inefable en aquellas páginas no lo hubiera descubierto nunca en sus lecturas anteriores?... Antes, habían sido los milagros del Señor, los muertos resucitados, los paralíticos curados, los poseídos exorcizados, los que lo habían hecho palpitar de fe.

Ahora era algo más grande, más puro, más bello: era el milagro de las palabras divinas y de los divinos consejos...

Y leía:

"Gozad y alegraos, porque la bondad es grande en los cielos..."

"Misericordia quiero y no sacrificio..."

"Cuando oráis, no seáis como los hipócritas, que oran en las sinagogas o en las plazas para ser vistos de los hombres... Vosotros orad en el retiro de vuestro cuarto, con la puerta cerrada, y Dios, que está en el secreto, os oirá. Y no empleéis largas oraciones, como los paganos, que creen que la abundancia de sus palabras los hará escuchar. Porque vuestro Padre sabe de lo que habéis menester aun antes de que se lo pidáis..."

"Muchos pecados serán perdonados a esta mujer, porque ha amado mucho..."

"El discípulo no es más que su maestro, ni el siervo más que su señor. Bástale al discípulo ser como su maestro, y al siervo como su señor..."

"Porque vino Juan, que ni comía ni bebía, y dicen: 'Demonio tiene'. Y viene el Hijo del Hombre, que come y bebe, y dicen: 'He aquí un hombre comilón y bebedor de vino, amigo de publicanos y pecadoras'."

"Porque mi yugo es fácil y ligera mi carga..."

"De cierto os digo que si no fuerais como los niños, no entraréis en el Reino de los Cielos..."

Pedro, llegándose a él, dijo:

"Señor, ¿cuántas veces perdonaré al hermano que pecare? ¿Hasta siete?"

Jesús le dice:

"No te digo hasta siete, sino hasta setenta veces siete...".

Y uno le dijo:

"Maestro bueno, ¿qué haré para obtener vida eterna?"

Y él le contestó:

"¿Por qué me llamas bueno? Ninguno es bueno más que Dios, y si quieres entrar en la vida eterna, guarda los mandamientos."

Le dice:

"¿Cuáles?"

Y Jesús dijo:

"No matarás; no cometerás adulterio; no robarás; no dirás falso testimonio; honrarás padre y madre y amarás a tu prójimo como a ti mismo."

"Dios no es Dios de muertos, sino de vivos..."

Teófilo leía en voz alta, embriagándose con las sublimes imágenes de bondad, de dulzura, de amor, que pasaban ante sus ojos radiantes de alegría. Pero al llegar a las últimas frases, al ver la pena profunda con que Jesús contempla la muerte cercana y pide a su Padre que, si es posible, le permita vivir aún entre los hombres y las mujeres a quienes ama, su rostro se cubrió de lágrimas y su alma se anegó en tristeza.

¡Ah! ¡Cien vidas hubiera dado él, de tenerlas, por salvar la de Jesús!...

Y se dijo:

"Puesto que él amaba la existencia, hay que amarla, no en el dolor, no en el hambre, no en la vigilia, no en la sordidez, sino en la fe, en la sencillez, en la caridad, en el amor, en la sonrisa, en la mansedumbre, en el instinto... ¿Por qué querer hacer lo que él mismo no hizo?..."

Él nos dice que el discípulo no debe ser más que el maestro... Él nos aconseja que nos alejemos de los templos para orar en secreto... Él nos señala los mandamientos... Él nos enseña, con su divino ejemplo, a buscar el pan y el vino siempre que tenemos hambre y sed; a no desdeñar los perfumes; a no dejar de ungir nuestra cabellera y lavar nuestro rostro ni aun en los días de ayuno; a perdonar los pecados; a no detestar a los pecadores; a desprendernos de las riquezas...

A no pedir la protección divina con los labios, sino con el corazón; a ser sencillos; a ser ingenuos, y por encima de todo, a amar, a amar, a amar a Dios y a nuestros semejantes...".

Y hablándose así, veía la dulce existencia ejemplar de nuestro Señor fraternizando con los hombres y con las mujeres, multiplicando los panes y los peces para hacer más llevadera la miseria, convirtiendo el agua en vino para prolongar la alegría de los que celebran la dicha epitalámica, buscando las casas de sus amigas para descansar, oyendo las dulces palabras de María Magdalena...

Y luego veía la otra existencia, antes considerada como espejo de los que quieren apasionadamente la perfección: la triste y patética existencia de Macario de Alejandría, que no duerme, que no se lava, que no peina nunca su cabellera, que martiriza su cuerpo con todas las torturas, que vegeta en el egoísmo estéril, que no puede amar a sus semejantes puesto que huye de ellos, que odia a las mujeres, sus hermanas, como monstruos tentadores, que desconoce las dulzuras de la amistad y del amor, que no espera y no desea sino la muerte, que, si encontrara a un hombre que se regocijase dejándose perfumar la cabeza por una amiga, lo condenaría cual un servidor del demonio...

Y una inmensa piedad inundó su espíritu al pensar que sus antiguos compañeros, lo mismo que el pueblo innumerable de los frailes de todos los conventos, consumían sus años en una falsa, en una criminal interpretación de la doctrina de Jesús, haciendo del Evangelio, que es luz, sonrisa, amor, misericordia, vida, fe, sencillez y esperanza, una especie de locura tétrica, misógina y misántropa.

Pensó entonces que su deber, ya que Dios había querido iluminarlo, consistía en tratar de atraer hacia el buen camino —que es el camino del amor, de la caridad, de la dulzura, de la alegría— a los que en el Monte Athos padecían en la tristeza, en los escrúpulos vanos, en las interminables preces, en el horror de todos los instintos, en el miedo de todas las bellezas.

Y saliendo de su casa sin ser visto, se propuso encaminarse de nuevo hacia la península donde jamás una mujer puso sus pies, con la esperanza de que, al escuchar de sus labios afectuosos la historia verídica de su vuelta a la vida, todos los ermitaños de las grutas, todos los cenobitas de las lauras y todos los frailes de los conventos se apresurarían a volver a la senda que Jesús les traza con su ejemplo.

—Abriré ante ellos el Evangelio, que es un Evangelio de amor y no de odio, de bienaventuranza y no de torturas, de sencillez infantil y no de sutilezas doctorales —se decía.

Y recordando el fin lamentable del religioso lapidado sólo por predicar en favor de las monjas hierosolimitanas, pensó que también a él, al principio, lo rechazarían, cerrando los ojos a la luz y los oídos a la razón.

—Pero no importa —murmuraba—, no importa... Yo no les diré nada que no esté en el Evangelio... Yo les hablaré con tanta dulzura, con tanta humildad, con tanto amor, que por fuerza tendrán que escucharme... Yo no les llevaré mis palabras, sino las palabras de Jesús, que murió por nosotros en la cruz.

Una vez en la calle, Teófilo sintió una profunda tristeza al darse cuenta del dolor que se apoderaría de su esposa al notar su ausencia.

—Es necesario prepararla para este indispensable sacrificio —se dijo.

Y después de orar durante algunas horas en una iglesia desierta, volvió a su palacio en el momento preciso en que un criado lo buscaba para anunciarle que el almuerzo estaba servido.

—Creí que no volverías tan pronto, dueño mío —le dijo Eudosia.

—¿Por qué? —preguntó el conde.

—No sé... Una idea, una vaga idea... Se me figuraba verte lejos...

—Nunca mi espíritu está lejos de ti.

—¡Qué bueno eres!... Sí, el más bueno de los hombres... El más grande... El más santo... Y yo la más feliz de las mujeres, porque me amas... ¿Verdad que me amas?

—Con todo mi corazón... Eres mi primer amor, mi único amor... En otro tiempo, bien lo sabes, mi inexperiencia me hizo caer en muchos lazos de pecado. Aquello era la locura y la lujuria; aquello era lo que se llama el placer, y que muy a menudo merecería llamarse la tortura. El único yerro de los que la otra noche hablaban del amor consistía en confundirlo con ese sentimiento.

No, el amor no son las dos bailarinas persas, ni son tampoco las parejas que se unen para saborear caricias efímeras. El amor es un lazo que nos ata a otro ser con un fervor igual al que nos une a Jesús. ¿No se dice acaso que las religiosas son las esposas del Señor? En todo amor verdadero el fondo es místico y puro, no de una pureza superficial que entibia los besos y apaga los deleites, sino de una pureza interior, que hace del delirio un éxtasis y de la conjunción una comunión.

Yo he comprendido esto entre tus brazos, esposa mía, y de tal modo encuentro santo nuestro idilio, que si al salir de tu lecho, después de haber confundido mis suspiros con los tuyos, la muerte me sorprendiera, estaría seguro de no comparecer en estado de pecado ante Jesús.

Eudosia escuchaba, palpitante de bienaventuranza, aquellas palabras. Ella también habría querido decir lo mismo. Habría querido decir: "Tú eres mi Dios, tú eres mi fe, tú eres mi vida". Pero de su garganta, oprimida por la ventura, ninguna palabra podía salir.

Teófilo continuó:

—Así como san Francisco nos manda que en la mañana alabemos a Dios porque nos da la luz del sol, y en la noche porque nos da a nuestro hermano el fuego para alumbrarnos y calentarnos, así el amante debe considerar cada beso y cada caricia de su amada como un don celeste.

Yo, sobre todo, tengo el deber de proclamarlo así, porque fue Jesús quien me trajo de la mano a tu puerta y quien guio tu corazón hacia mí. Nunca he querido hablarte del misterio de mi regreso al mundo en los momentos en que más arraigada creía mi vida en las rocas de la penitencia.

Una noche, una triste noche de congoja y de inquietud, temeroso siempre de no torturarme bastante, le rogué a nuestro Señor que me indicase, por misericordia, el sendero de la gracia. Y el Señor me ordenó que viniese en tu busca...

No puedes imaginarte las perplejidades y las inquietudes de mi conciencia desde aquel día hasta el de ayer, en que la misma voz del cielo volvió a decirme que, lejos de pecar, amándote cumplía la ley divina...

"Amor circulus est bonus, a bono in bonum perpetuo revolutis", dice Dionisio el Areopagita.

Pero los religiosos, que debieran predicar esta verdad evangélica, se complacen, por el contrario, en mantener la lámpara bajo el almud, para convertir la ley natural, que es al mismo tiempo la ley divina, en el objeto de todos sus anatemas.

No existe solitario en el desierto, ni monje sincero en su celda, que no tome por imágenes diabólicas las amorosas tentaciones que Jesús le sugiere para indicarle que no hay penitencia capaz de matar el principio del amor en el pecho del hombre.

Los infelices no pecan sino por ignorancia, por ceguera. La que peca voluntariamente, conscientemente, es la Iglesia. ¿Con qué fin los patriarcas y los obispos predican la santidad de la claustración, la virtud del celibato, el peligro de la carne?

Tú no te imaginas la tragedia de los seres que, en su obstinada locura, no martirizan sus cuerpos sino para matar el deseo, y que, a pesar de sus dolores físicos, siguen obsesionados por el amor.

Después de hablar así, Teófilo se levantó de su sitio y, acercándose a su esposa, le cubrió el rostro de besos ardientes.

Ella, siempre silenciosa, sollozaba de gozo.

—No puedes figurarte lo que he sufrido, esposa mía —continuó el conde—, antes de llegar al estado de plena tranquilidad dentro de la pasión en que hoy, gracias a Dios y a ti, me encuentro.

Tú eres tan buena, tan pura, tan sencilla, que ni siquiera notabas los escrúpulos que, muy a menudo, me alejaban de tu lecho y me hacían evitar tus caricias. Y es que yo, en mi ignorancia, confundía el amor que nos une con el placer que en otro tiempo me ofrecieron las fugaces criaturas que conquistaron mis sentidos y perturbaron mi alma.

Yo creía haberlas amado, y por lo mismo no daba al amor sino un carácter de violento apetito sensual y de turbia inquietud interior. Con sólo darme cuenta de que cada una de ellas encarnaba en mi recuerdo un aspecto especial del deleite y ninguna la bienaventuranza absoluta que funde en una sola llama dos corazones, habría, no obstante, bastado para ver que, creyendo amar, sólo había corrido tras el gozo y tras la fiebre.

Pero mi razón era incapaz de hacer esas distinciones, porque no estaba aún iluminada por la luz celeste.

Era necesario esperar a que Dios me condujese hacia ti para que el verdadero amor germinase al fin en mi ser, poco a poco, cual un rosal...

Poco a poco, sí... Cuando todos admiraban ya la espléndida transfiguración de tus encantos, yo no la veía aún. Yo no quería verla.

Una noche, en el jardín, Jesús te hizo aparecer ante mí en tu delicada desnudez, y yo cerré los ojos para huir de tu belleza...

—Perdóname... La disciplina ascética, aprendida en una comarca donde los hombres consideran a la mujer como un instrumento del demonio, me había atrofiado el sentido de las verdades eternas, hasta obligarme a odiar la hermosura, la gracia, las sonrisas.

—¡Vida mía! —murmuró la princesa, cubriéndole las manos de besos de fuego y de lágrimas de regocijo.

—Ahora déjame —dijo Teófilo—, voy a orar por mis pobres hermanos de los conventos.

Y ya en la puerta, agregó:

—Cuando me ausente como esta mañana, no te inquietes. Mi corazón estará siempre cerca del tuyo. Mi mayor anhelo será siempre volver lo más pronto posible para adorarte.

Encerrado en su oratorio, Teófilo seguía mentalmente el hilo de sus discursos, evocando con pena y con horror el cuadro de las penitencias ascéticas.

"De una doctrina de fe, esperanza y de caridad" —se decía— "los frailes y los ermitaños, apoyados en el ejemplo de los mártires y en las predicaciones de la Iglesia, han hecho un sistema de torturas materiales o morales".

Y veía pasar en la sombra de los claustros o en la aridez de los páramos el interminable cortejo de los que, considerando a Dios cual un verdugo, le habían ofrecido en holocausto las flores cárdenas de sus propios dolores. Todos aquellos seres, no contentos con sufrir en sus propias personas, empleaban su elocuencia y su prestigio en propagar el dolor.

Cuando san Fulgencio, obispo de Ruspe, cayó enfermo a fuerza de mortificarse, sus fieles, creyendo que el exceso de su mal lo obligaría a dulcificar su disciplina, quisieron rodearlo de cuidados. Pero él les dijo:

—Mis dolencias no provienen de mis austeridades, sino de la voluntad del Señor, que me aflige para consolarme y me mortifica para vivificarme.

Predicaciones de esta especie, sublimes y peligrosas, eran las que llevaban a los pecadores, no hacia el arrepentimiento activo, sino hacia el dolor inútil.

El gran san Agustín, no viendo en el Evangelio más que el ejemplo del Gólgota, decía a sus discípulos:

—Si no queréis caer en el cieno del vicio, no descendáis jamás de la cruz de Cristo.

Era el estribillo terrible que Teófilo oía en labios de los más gloriosos bienaventurados. Dentro de su armadura de caballero apocalíptico, san Juan de Montmirail le decía:

—Una verdad que el mundo no puede comprender es que los únicos que aman su cuerpo son los que lo torturan.

Esta máxima era la que parecía animar, en su voluptuosa sed de martirio, a todos los padres de la Iglesia, a todos los santos, a todos los religiosos cuya vida se ofrece a los mortales cual un espejo de perfección.

—¡Los infelices, los infelices! —murmuraba el conde.

Y en su memoria, los breves relatos de Paladio, que antes lo embriagaban de placer, cantaban con voz acongojada los salmos del delirio desgarrador, acompañando el desfile escuálido de los escogidos.

—Allí va Doroteo —se dijo.

Y oyó que un biógrafo, lleno de admiración, exclamaba al contemplarlo:

—Durante todo el día, a pesar del calor, iba por el desierto y por la orilla del mar, recogiendo piedras para hacer celdas, que cedía a los que no podían construirlas. Cada año terminaba una. Un día le dije: "Padre, ¿por qué, siendo viejo, matas así tu pobre cuerpo en medio de estos calores?". Doroteo contestó: "Él me mata, yo le mato".

Comía, en efecto, seis onzas de pan y unas legumbres de tallo afilado y bebía agua en cantidad suficiente. Afirmo ante Dios, que me oye, que no extendió nunca los pies, ni llegó a dormir sobre una estera de junco o en un lecho; pasaba toda la noche sentado y haciendo cordel con hojas de palmera.

Luego, refiriéndose a otro asceta, la voz misteriosa agregó:

—Ese es Amonio, de quien se saben cosas maravillosas. Cuando el deseo se despertaba en él, no dejaba nunca de mortificar su vil cuerpo. Ponía un hierro al fuego y lo aplicaba sobre sus miembros, de suerte que estaba cubierto de úlceras. Desde su juventud hasta su muerte no hubo en su mesa sino alimentos crudos. Excepto el pan, no comió nunca nada hecho al fuego.

Sabía de memoria las escrituras antiguas y nuevas, estudió los escritos de hombres sabios: Orígenes, Dídimo, Pierus y Esteban, seiscientas miríadas, como atestiguan los Padres del desierto.

—¿Y aquel que camina lentamente cubierto de andrajos? —preguntó, alucinado, el conde.

—Aquel es Evagro, el famoso Evagro, que, después de figurar en el Sínodo de Bizancio, se retiró al desierto y vivió en una caverna; no comía sino una libra de pan cada tres días; rezaba cien oraciones en el día y otras cien durante la noche. Sus penitencias eran tan severas que asombraban a sus compañeros de ascetismo.

Según nos contó él mismo, el demonio de la lujuria lo martirizó mucho. Todas las noches, incluso durante el invierno, permaneció desnudo en el pozo hasta el punto de que sus carnes se quedaron heladas.

En otra ocasión lo tentó el espíritu de la blasfemia, y durante cuarenta días no se albergó bajo techo —según refirió él—, hasta el punto de que su cuerpo se hallaba plagado de insectos, como los animales irracionales.

—¿Y aquel otro que parece un esqueleto?

—Aquel es el santo Filoromo. Al principio lo tentó la pasión de la fornicación y de la gula. Filoromo la venció viviendo encerrado, cargado de hierros y absteniéndose de pan de trigo y de toda substancia cocida al fuego.

Sujeto a este régimen durante dieciocho años, pudo entonar en loor de Cristo el himno del triunfo. Atacado de distintas maneras por los espíritus malignos, permaneció cuarenta años en un solo monasterio.

Filoromo decía:

—En treinta y dos años no he probado ningún fruto.

—¿Y aquel de rostro oscuro y de ojos de fuego?

—Aquel es Moisés el etíope, que, siendo religioso, se sentía atormentado por los deseos carnales. Entonces fue en busca de otro santo y le preguntó:

—¿Qué debo hacer, puesto que los deseos de mi alma oscurecen mi razón por el hábito del placer?

El santo le contestó:

—Como no has desterrado de tu espíritu los pensamientos de ese género, por esto sufres de tal modo. Conságrate a las vigilias, ora en ayunas y muy pronto quedarás libre de toda tentación.

Al oír esto, se marchó a su celda, prometiendo no dormir ninguna noche sin doblar la rodilla. Estuvo seis años encerrado en su celda; todas las noches permanecía de pie en el centro de ella entregado a la oración y sin cerrar los ojos.

No pudo continuar tales prácticas y se sometió a un nuevo género de vida. Salía durante las noches y se dirigía a las celdas de los ascetas más respetables y de los ancianos; allí cogía secretamente sus cántaros y los llenaba de agua. Esta se hallaba a distancia de dos y de cinco millas.

El demonio, exasperado, lo acechó en una de aquellas noches y le dio un mazazo en los riñones cuando se hallaba inclinado sobre el pozo, dejándolo sin conciencia.

Al día siguiente, fue hallado exánime por alguien que iba en busca de agua, y que puso el hecho en conocimiento del gran Isidoro, el sacerdote de Sceté. Entonces fue conducido a la iglesia, donde permaneció enfermo un año, hasta el extremo de que tanto su alma como su cuerpo apenas si recobraron su vigor y energía.

—¿Y aquella forma extraña que se agita en la oscuridad?

—Aquella es la bienaventurada Alejandra, que abandonó el mundo siendo joven, bella y rica, para encerrarse en un sepulcro. Allí recibía por una abertura todo lo que necesitaba, sin ver el rostro de ninguna mujer ni de ningún hombre durante dos lustros.

Pero al décimo año murió, después de revestirse del hábito monástico, de suerte que la persona que iba a verla, según costumbre, no obtuvo respuesta y vino a anunciarnos el hecho. Una vez derribada la puerta, entramos y vimos que estaba muerta.

Melania nos decía a propósito de ella:

—Nunca llegué a verla, pero, colocándome cerca de la abertura, la rogué que me dijese la causa por la que se había encerrado en este sepulcro.

Ella me contestó:

—Un hombre se ha perturbado por mí, y para no afligirle o desacreditarle, he preferido encerrarme viva en este sepulcro antes que convertir en objeto de escándalo a un alma hecha a semejanza de Dios.

Yo la pregunté:

—¿Cómo puedes sufrir el no ver a nadie y luchar contra el fastidio?

Ella me contestó:

—Desde la mañana hasta la hora nona oro e hilo el lino. Durante las horas restantes medito sobre los santos patriarcas, profetas, apóstoles y mártires. Después de haber comido mi pan, espero durante las horas siguientes, perseverando en la fidelidad y dispuesta a aceptar el fin con una deliciosa esperanza.

—¿Y aquel anciano taciturno?

—Es Pakomio, el gran Pakomio, espejo de perfecciones. Nosotros lo hemos visitado en su gruta y nos ha contado su vida, diciéndonos:

—Soy, como ves, un viejo; hace cuarenta años que vivo en este retiro pensando en mi salvación. Sin embargo, aún sufro la tentación. Durante doce años —juró—, después de haber cumplido los cincuenta, el diablo no cesó de atacarme un solo día ni una sola noche.

Creyendo que Dios me había abandonado y que a esto se debía mi inferioridad, quise morir antes que pecar contra la decencia por una pasión del cuerpo. Salí y caminé al azar por el desierto. Encontré la caverna de una hiena y entré en ella durante el día, desnudo, con ánimo de que, al salir, las fieras me devorasen.

Llegó la noche, y según las palabras de la Escritura:

"Creaste las tinieblas y quedó hecha la noche. Durante ella correrán por el bosque todas las fieras" (Sal 103:20).

Salieron de su antro el macho y la hembra, me olfatearon, lamieron mi cuerpo y, cuando yo esperaba ser devorado, se alejaron de mí.

Permanecí allí toda la noche y, al reflexionar en que Dios me había perdonado, volví a mi retiro.

El demonio me dejó tranquilo algunos días, pero luego me asaltó con más violencia que antes, hasta el extremo de que estuve a punto de blasfemar. Se había metamorfoseado en una joven etíope a quien en mi juventud había visto espigando durante el verano, y la cual se sentó sobre mis rodillas y me excitó hasta el extremo de que creí tener cópula carnal con ella.

Lleno de ira, le di una bofetada y la joven se hizo invisible.

Ahora bien, durante dos años no podía soportar el mal olor que despedía mi mano. Desalentado y desesperado, erré a la ventura por el gran desierto.

Encontré un áspid pequeño, lo cogí y lo puse sobre mis partes genitales para que me mordiese, pues quería morir de ese modo. Aplasté la cabeza del animal contra aquellas partes que eran, en cierto modo, la causa de mi tentación, pero el animal no me mordió.

Al escuchar estas últimas palabras, Teófilo exclamó:

—¡El áspid fue más humano que tú!

En seguida, ocultando su rostro entre las manos febriles, para tratar de no ver más dolores, se dijo:

"El deseo, el amor, siempre lo mismo... Toda la vida de esos sublimes engañados se reduce a luchar contra la ley natural y contra la ley divina... Lejos de mí la idea de vituperarlos. Sé que son sinceros en su desvarío, como lo fui yo mismo..."

Pero la Iglesia y sus doctores, que consagran su existencia a meditar sobre el Evangelio y cuya misión consiste en guiar a los hombres por el sendero trazado por Jesús, ¿cómo es posible que no les griten la verdad, obligándolos a comprender que la lucha es estéril, puesto que la substancia de la humanidad es el amor?

La imagen de Atanasio, el santo patriarca que había sufrido crueles persecuciones por defender los dogmas ortodoxos, apareció ante él.

—¡Si él quisiera tener piedad de los que sufren en el fondo de los claustros y en las cavernas del desierto!

Luego, decidido siempre a correr hacia el Monte Athos para leer el Evangelio a sus hermanos, quiso, antes, abrir su pecho al pontífice y pedirle su bendición con objeto de no desfallecer en su cruzada.

CAPÍTULO VIII: EL MARTIRIO DE TEÓFILO

—Decidle que soy el conde Teófilo Constantino Níforos.

—¿El esposo de la princesa Eudosia? —le preguntó un presbítero, levantándose de su sitial y saludando al recién llegado.

—El mismo.

—Pues esperad un instante.

Media hora más tarde, Teófilo penetró en la exigua estancia desnuda en la que su santidad recibía, en su sede oscura y sin adornos, los homenajes de los fieles.

¡Cuán grande le pareció aquel viejecito lívido y encogido en medio de aquella austera sencillez!

Arrodillándose, Teófilo le dijo:

—Santo Padre, antes de emprender un largo viaje, que no tiene más objeto que el de leer el Evangelio a mis hermanos de Kapsokaliva, he querido venir a pediros vuestra bendición.

Lentamente, tratando de ocultar el orgullo de su alma entre palabras humildes, el patriarca le contestó:

—En el estado en que se encuentra la Santa Iglesia, nadie tiene derecho a distraer a los religiosos con predicaciones ajenas al gran problema de la unión y de la disciplina.

Tú pareces desconocer los motivos que desgarran el seno de nuestra comunidad. Momentos hubo, durante estos últimos tiempos, en que las intrigas de la corte determinaron tales desbarajustes, que la religión parecía un caos.

Antes de que un patriarca muriera o abandonara voluntariamente su sede, los obispos rebeldes nombraban a otro para tratar de convertirlo en instrumento de sus codicias y de los vicios de los emperadores.

Germán, Josefo, Arsenio, Jorge de Chipre, se encontraron en un momento dado, simultáneamente, dueños de la tiara pontificia. Para consagrar a Germán en la iglesia de Santa Irene, los cismáticos no hallaron sino clérigos tan ignorantes que no sólo desconocían la liturgia de la ceremonia, sino que ni siquiera sabían celebrar la misa, lo que los obligó a permanecer tres días dentro del templo, sitiados por el pueblo fiel.

Al fin, la ceremonia absurda se verificó el domingo, gracias al apoyo material del gran logoteta del Imperio, el cual amenazó de muerte a los que querían invadir el recinto para impedir aquella farsa.

Hoy, por fortuna, los hombres que provocaron aquel escándalo han muerto o se hallan en el fondo de sus conventos. Pero el estado del clero y de los monjes no ha mejorado.

Los prelados más eminentes ignoran los cánones y desconocen la importancia de nuestros símbolos teológicos. Cuando se reúne un concilio, como el último celebrado en el palacio de Blanquerna, no se oyen sino voces confusas y gritos de odio.

El Señor, sin embargo, no nos regatea sus santas advertencias. En tiempo de las persecuciones de Germán contra los que no querían reconocerlo, cayó, en pleno mes de mayo, una lluvia de sangre que manchó las hojas de los árboles, y eso fue en los momentos en que, por cobardía espiritual, algunos obispos, alentados por el patriarca de Alejandría, negociaban con el Papa de Roma para establecer la unión de las Iglesias de Oriente y Occidente.

Ni eso ni nada calma el celo de los enemigos de la disciplina y de los cánones. En vano los emperadores han permitido que a los más recalcitrantes se les saquen los ojos o se les corte la lengua para salvarlos de la blasfemia y de las tentaciones diabólicas.

Los libelos siguen apareciendo y los malos sacerdotes siguen enseñando la falsa doctrina del Espíritu Santo. Algunos van más lejos y sueñan aún con comulgar con los latinos, sin tener en cuenta que, por haber intentado tal crimen, el emperador, padre de nuestro glorioso Andrónico, fue privado de sepultura cristiana, sin que su propio hijo, que hoy reina en el Imperio, se atreva a solicitar misericordia para sus cenizas.

Yo he sufrido por defender la santa pureza. Yo sufro la calumnia de los que en mi severidad no ven sino deseo de venganza contra los que me tuvieron largo tiempo alejado de esta sede, en la que me reemplazaba un usurpador que no fue destronado sino cuando Dios reveló al monje Menas los peligros que su conducta hacía correr a nuestro soberano.

Muchos frailes hay, empero, que todavía resisten a mi dominio y conspiran en el fondo de los claustros, a pesar de las amenazas que contra ellos ha hecho publicar nuestro venerable basileus.

Los milagros que se multiplican en mi favor no bastan a calmar los odios injustos. Tú sabes que hace pocos días, un armenio que peroraba contra mí en las inmediaciones de Santa Sofía cayó herido de muerte por un rayo.

Tú sabes que si los catalanes no atacaron Constantinopla cuando se encontraban a sus puertas, fue gracias a las rogaciones presididas por mí...

—Lo sé —murmuró Teófilo—, lo sé, y por eso, por vuestra virtud, por vuestro poder sagrado, acudo hoy a vos para pediros vuestra bendición antes de emprender una cruzada de evangelización entre mis antiguos hermanos del Monte Athos.

—Explícame tus designios.

El conde comenzó a hablar de su vida con frases apasionadas, pero apenas había dicho algunas de sus primeras aventuras, el patriarca le impuso silencio y le dijo:

—Hace pocos días, en presencia del emperador, dos archidiáconos de Quersonese, llamándose representantes del clero bizantino, tuvieron la osadía de sostener la interpretación errónea del símbolo, asegurando que, según las Escrituras y los concilios, el Espíritu Santo procede del Hijo por el Padre, para establecer así el principio de que el Padre no habría podido producir el Espíritu Santo si no hubiera antes engendrado al Hijo, lo que equivale a atribuir al Hijo la verdadera noción de causa con relación al Espíritu Santo.

Y cuando yo quise replicarles, se volvieron hacia Andrónico y, sin oírme, le aseguraron que la doctrina por ellos sostenida es la que se encuentra en los escritos de san Juan Damasceno.

Yo entonces, no pudiendo contener mi natural enojo, di orden de que les cortasen la lengua y luego los trajeran de nuevo a mi presencia para oír con respeto la doctrina pura. Así se hizo.

Y cuando aquellos hombres volvieron, les expliqué que el Espíritu Santo no puede proceder del Padre por el Hijo y por el Verbo, como lo creen los latinos, porque eso disminuiría la omnipotencia de las tres personas y establecería entre ellas una distancia y una diferencia, haciendo tres dioses: un Dios Padre, un Dios Hijo, un Dios Espíritu Santo.

Y, lo que es peor aún, preconizaría la idea de que el Padre es un principio activo del Espíritu Santo y el Hijo otro principio activo, lo que agrava la herejía.

Sin quejarse de la justa tortura que acababan de sufrir, los archidiáconos movían la cabeza negativamente para indicarme que mis palabras no les parecían exactas.

Yo les amenacé con hacerles sacar los ojos si no me escuchaban con respeto, y continué exponiéndoles la buena y santa doctrina que nos enseña que el Espíritu Santo procede directamente del Padre, lo mismo que el Hijo, y que en la Trinidad no hay diferencia de tiempo ni de substancia.

El patriarca se detuvo un punto para tomar aliento.

—Señor —le dijo entonces Teófilo—, yo no soy sino un ignorante que se avergüenza de no conocer los textos de los concilios. Pero mi obediencia es absoluta ante lo que la gran sabiduría de vuestra santidad enseña.

—Mi doctrina es la ortodoxa —exclamó el anciano—, y cuando los latinos quieran mandar a sus teólogos a discutir de nuevo el dogma del Espíritu Santo ante un concilio, no me será difícil, a pesar de mis años, demostrarles que predican una herejía que en estos momentos envenena hasta a los sacerdotes de Bizancio.

El Espíritu Santo no es llamado Dios en ninguna de las Escrituras, y nada obliga a los fieles a consagrarle oraciones particulares. Sólo el Padre y el Hijo deben ser objeto del culto.

El Espíritu Santo es una emanación del Padre y del Hijo, subordinada a uno y a otro. Por ellos existe, de la substancia de ellos se alimenta, ellos lo instruyen e inspiran. Es el intermediario entre el Señor y los mortales, lo que demuestra que no es un tercer Dios, puesto que, si lo fuera, tendría un poder personal idéntico al de las dos personas consustanciales.

Los latinos, al pretender que sólo procede del Padre, lo hacen hermano del Hijo. Otros lo presentan como procedente sólo del Hijo, y así lo convierten en un Dios nieto.

El veneno nos viene de Roma. El padre de nuestro emperador es uno de los culpables del estado en que se encuentra nuestra Iglesia, porque quiso negociar con el Papa.

Por eso le hemos negado la sepultura sagrada, y, a pesar de morir en el trono, se halla reposando sin bendiciones.

A medida que el anciano patriarca desarrollaba así el tema sutil de la interminable querella ortodoxa, su cuerpo se erguía en el sitial y sus ojos se animaban bajo las espesas cejas blancas.

Pero Teófilo, que no comprendía que por semejantes diferencias se manchara de sangre sus santas manos, lo veía, por el contrario, empequeñecerse ante su alma.

"¿Es posible" —se preguntaba con angustia— "es siquiera concebible que este hombre, que representa a Jesús en la tierra, sea capaz de torturar a los que, en una materia tan pueril, creen de buena fe que tienen derecho a pensar de un modo distinto al suyo?..."

"¿Es posible que, en días aciagos como los que atravesamos, en que los hombres necesitan que una voz celeste despierte en sus corazones empedernidos el sentimiento del amor y de la misericordia, el vicario de nuestro Señor se complazca así en atizar los odios y en ahondar los fosos que separan las conciencias?...".

"¿Es imaginable que estos labios, que no debieran pronunciar sino sentencias de dulzura y de perdón evangélico, sean capaces de ordenar a sus verdugos que saquen los ojos y arranquen la lengua a sus fieles?"

Una gran tristeza, un profundo horror, invadieron su pecho atribulado.

—Habla —le dijo con voz muy suave el patriarca.

—Ya es tarde, padre —le contestó—, y temo fatigar a vuestra santidad. Otro día, mejor preparado, volveré...

—Lleva contigo mi bendición para ti, para tu esposa, para tus descendientes...

Al encontrarse de nuevo en la calle, el conde tuvo la sensación de que salía de una pesadilla.

—¿Torturar en nombre del Espíritu Santo —murmuró—, encender hogueras en nombre de Jesús, crear odios en nombre del Verbo? No; no es posible; yo debo ser el juguete de una ilusión diabólica...

Y para lavarse el ánima con la oración, penetró en Santa Irene y fue a arrodillarse ante un retablo de oro, en cuyo centro agonizaba el crucificado derramando lágrimas de sangre.

—Señor —le dijo con voz enternecida—, Señor, en vano he querido buscar en la sabiduría de los hombres un consejo que me sirva para acercarme a ti, para seguir el camino que me haga digno de tu misericordia...

Señor, sólo he hallado contradicciones en las bocas humanas...

Señor, sólo veo tinieblas en la razón humana...

Tú predicaste el amor con el divino ejemplo de tu vida; tú predicaste la mansedumbre; tú predicaste la piedad; tú predicaste la luz, y tu Iglesia ha llenado el mundo de sombras dolorosas, de miserias crueles, de orgullo inconsciente...

Señor, ilumina mi camino con un signo, para que, si estoy extraviado, pueda volver al redil.

Las voces graves de la clepsidra llenaron de armonías el místico recinto, esparciendo sus largas lamentaciones sobre las almas prosternadas.

Un rumor ardiente de preces subió de pronto de los rincones oscuros de las capillas, y la iglesia se animó, poco a poco, de palpitaciones profundas, en las cuales Teófilo creía percibir todos los anhelos y todas las esperanzas de la humanidad, elevándose hacia el cielo con aleteos ardientes.

—Señor —clamó—, Señor, Señor, vuelve hacia mí tu mirada misericordiosa.

Y levantando la vista hacia la cruz del retablo, creyó percibir, a través de sus lágrimas, la sonrisa melancólica de Jesús que lo alentaba en sus propósitos evangélicos.

Teófilo marchaba cabizbajo, envuelto en su manto negro, por las callejuelas que conducen hacia el puerto...

A aquella hora, la ciudad estaba desierta y silenciosa.

Pero ante sus ojos exaltados, una multitud febril se agitaba proclamando en coros armónicos el sublime poder del amor.

Los discursos que él creía no haber siquiera escuchado durante el festín, se cristalizaban dentro de su espíritu en imágenes visibles.

Veía a nuestro Señor disfrazado de ermitaño, penetrando en el calabozo de Santa Ágata para hacer revivir, con sus santas manos creadoras de belleza, el esplendor de los senos virginales...

Veía a santa Isabel de Hungría macerando su cuerpo con cilicios y disciplinas, para ir luego a embriagarse de placer entre los brazos de su esposo...

Veía a la Sulamita desmayándose de divino goce bajo el granado de las caricias...

Veía a Jacob trabajando siete años primero, y luego otros siete años, para obtener la posesión de Raquel...

Veía a María Magdalena perfumando el cuerpo de Jesús con un tarro de nardos y el alma de Jesús con esencias de amor...

Veía a san Genegoul sufriendo los mayores dolores con paciencia y sucumbiendo ante el engaño de su mala compañera...

Veía a Abrahán, allá en el fondo de los siglos, soportando todo, hasta la deshonra, por no perder a su esposa...

Y esos seres, con sus voces diversas, exaltadas unas hasta el delirio, graves otras, otras lastimeras, le gritaban:

—¡Amor... amor... todo es amor; no hay más que amor en la tierra como en el cielo!...

Sin embargo, en su deseo de no deslumbrar con luces demasiado fuertes a sus pobres hermanos de la montaña misógina, Teófilo se proponía siempre callar sus nuevas doctrinas personales y contentarse con leerles el Evangelio, el Santo Evangelio del Crucificado, haciéndoles notar lo que hay, entre sus páginas humildes, de fervor tierno, de dulce pasión, de exquisito regocijo, de anhelo amoroso...

—Seré el mensajero de la palabra divina —exclamó en altavoz.

En este momento, un ser miserable que dormía bajo un pórtico abrió los ojos sobresaltado al escuchar aquel grito en la calle. Al reconocer al conde, se incorporó y corrió hacia él.

—¿Sois vos? —le preguntó, como temeroso de hallarse ante un fantasma—. ¿Sois vos a quien tanto tiempo he buscado por el mundo?

—¿Y tú, eres tú? —le contestó Teófilo—. ¿O eres la sombra de mi viejo juglar?...

—Soy yo, señor, de vuelta del infierno.

Llorando de emoción, al reconocerse, los dos hombres se abrazaron largamente, examinándose a la pálida claridad del crepúsculo.

Después de caminar un largo trecho en silencio, comenzaron a contarse sus aventuras y desventuras desde el día en que, en la desbandada de Apros, se habían perdido de vista.

—Vuestra vida es siempre grande, señor —exclamó el pobre poeta cuando hubo oído el relato del conde—. Vuestra vida es siempre noble, aun en los tormentos... En tanto que la mía...

Y mostrándole las arrugas que surcaban su frente y los andrajos que cubrían su cuerpo, agregó:

—Cuando supe, en aquella lamentable jornada, que habíais sido herido, me eché al campo a buscaros, y lo hice con tan poca suerte que al cabo de pocos pasos caí en manos de los catalanes, los cuales, considerándome prisionero, me condenaron a servir de criado a un monje franciscano llamado Fray Ferrando, que está considerado entre sus compatriotas cual un modelo de santidad, de sabiduría y de dulzura.

En los combates, con un crucifijo en la diestra, aquel religioso, cuyo arrojo os habría entusiasmado a vos mismo, iba a través de los venablos, exhortando a los guerreros a luchar por la gloria de la compañía y repartiendo absoluciones entre los que caían heridos de muerte.

Cuando la pelea era fácil, se limitaba a cumplir con los deberes de su ministerio. Pero en las acciones arduas, en los instantes en que los más temerarios parecían temblar al ver cernirse sobre sus cabezas las alas de la derrota, se colgaba su crucifijo en la cuerda del hábito y, cogiendo una pica de manos de algún moribundo, se lanzaba a la contienda con más coraje que el mejor de los capitanes.

Entonces, ¡ay de los que se le ponían por delante! Su brazo no conocía ni la fatiga ni la piedad.

Durante los largos meses que los españoles permanecieron en Galípoli, pillando, matando, incendiando, mi fraile apenas se ocupó de mí. Dueño de un palacio, en el cual había abundancia de todo, me dejaba libre dentro de la plaza y sólo me empleaba en menudos menesteres.

Mi alma sufría, sin embargo, al ver de qué manera la población era pasada a cuchillo y los tesoros artísticos destruidos.

Aquellos hombres, que no respetaban ni la inocencia ni la infancia, llevaban a sus guaridas a las niñas que les gustaban para violarlas, y cuando se cansaban de gozar de sus sollozos, las degollaban alegremente.

A las que no mataban, las vendían. En la plaza principal hubo, durante la ocupación, un mercado de esclavas impúberes, en donde los emires musulmanes compraban efebos y vírgenes para sus harenes.

Jamás olvidaré los días horribles, dolorosos y vergonzosos, durante los cuales mi cruel franciscano me obligó a ejercer, por cuenta suya, el oficio de vendedor de carne viva, de carne inocente destinada a los más infames holocaustos de la lujuria oriental.

Le habían tocado a mi amo en el último reparto de víctimas veinte vírgenes escogidas entre las familias aristocráticas y veinte mancebos de admirable belleza.

Uno de estos, creyendo poder salvarse de las garras de un árabe tuerto que regateaba su precio desde hacía una semana, examinando sus miembros adolescentes con una diabólica persistencia, iba a echarse, por la noche, a mi lado.

Y, cubriéndome las manos de lágrimas, me suplicaba que lo tomase a mi servicio para gozar de su belleza.

Yo hubiera querido poderlo comprar, no para deleitarme con sus caricias, sino para devolverle la libertad.

Pero mi miseria era tan absoluta, que ni siquiera me habría permitido adquirir un mendrugo de pan.

Entonces, inspirado por la misericordia, cometí un crimen involuntario.

Llamando aparte al árabe, le dije en secreto que aquel muchacho era hijo de una leprosa, y para probárselo, le mostré las marcas violetas que los azotes habían dejado en sus blancas espaldas.

El tuerto le comunicó esta confidencia al fraile catalán, y dos horas después, el gentil efebo moría colgado en uno de los patíbulos del mercado de esclavos.

¡Aún me parece sentir el reproche de sus miradas agonizantes!

Y aún me figuro escuchar la voz ronca de mi franciscano diciéndome al oído:

—Así acabarás tú uno de estos días si se te ocurre descubrir alguna otra enfermedad en los miserables que estás encargado de vender.

Las poblaciones de los alrededores, deseando salvarse y salvar a sus hijos de la esclavitud o de la muerte, huían hacia las montañas.

Las mismas barraganas de los almogávares, venidas con ellos del Occidente, asesinaban, pillaban, torturaban.

Hay que decir que también ellas eran bravas y que, cuando las galeras genovesas amenazaron el puerto en los momentos en que los hombres hacían una campaña contra el alano Giorgios, supieron defenderlo a las órdenes del torvo Muntaner.

Si la concordia hubiera reinado siempre entre tales seres, Bizancio habría sucumbido.

Por fortuna para el Imperio, Entenza fue asesinado, Rocafort cayó prisionero, el infante de Mallorca abandonó las huestes que lo aclamaban como señor; Muntaner mismo, indignado, se retiró a su huerto de Valencia.

En 1309, después de largos tratos con el duque de Atenas, Galterio de Briena, que les ofrecía pingües salarios para que le sirvieran en sus luchas contra los enemigos de Grecia, se decidieron a desocupar el desierto que habían creado en la Tracia y en la Macedonia, y emprendieron el camino del sur.

Un año emplearon en aquel trayecto, peleando, matando, robando, incendiando.

Yo iba a pie, atado al estribo de mi dueño, que durante los días de marcha roncaba en su mula, para despertarse más fiero que nunca en la hora del combate...

Mi suerte era horrible y envidiable a la vez.

Todos los prisioneros que no podían servir para llevar los equipajes, habían sido ahorcados antes de comenzar la expedición.

Yo me salvé porque el terrible fray Ferrando, deseoso de aprender el griego, me perdonó la vida...

Teófilo, que no escuchaba su relato, lo interrumpió, preguntándole:

—¿Conoces los Evangelios?

—Sí, señor; los conozco. Cuando un hombre es desgraciado, no puede dejar de refugiarse en nuestra santa religión.

—¿Y conoces algo que sea digno de compararse con esos libros?

—Los himnos de san Francisco... Esto os lo puedo jurar, porque mi amo, fray Ferrando, me obligaba a leérselos mientras él contaba, en el retiro de su tienda de campaña, los escudos que había amontonado en el curso de sus saqueos.

A veces, observando que las fervientes exhortaciones del pobrecito de Asís no conmovían su alma ávida y cruel, yo me sentía tentado de hacer notar a mi amo cuán poca influencia tienen los sermones divinos en los corazones empedernidos.

Pero, temeroso siempre de provocar su ira, escondía mis sentimientos íntimos y seguía leyendo, leyendo, leyendo...

Yo clamaba con voz ardiente el amor del amor, la religión de la pobreza, la dulzura de la misericordia, y mi fraile, con el rostro crispado por el odio, por la codicia, por el egoísmo, acariciaba sus escudos, pensando en que otros de sus compañeros podían tener más que él.

Yo decía:

"Que nadie me reprenda, si el amor me vuelve loco. No hay corazón que pueda defenderse y huir ante el amor. En tal hoguera, ¿qué corazón no se derrite? ¡Oh, si yo pudiese encontrar un alma que fuera capaz de comprenderme, de tener piedad de mí y de sentir las angustias de mi pecho!... El cielo y la tierra, y todas las criaturas, me gritan que debo amar. Cada uno me dice: 'De todo tu corazón ama al amor, que no ha dejado de oprimir hasta a Jesús; ama al amor que te desea'. Así, yo quiero alimentarme sin cesar de esta luz, de esta inefable bondad que lo ilumina todo. Yo quisiera amar más, si pudiera amar más; pero no puedo más, no puedo dar sino mi propio ser... Por ti, ¡oh, amor!, me consumo y desfallezco. Por ti voy dando gritos y pidiendo tus besos. Cuando tú te alejas, mi vida se cambia en muerte; yo suspiro y lloro para alcanzarte. Y cuando tú vuelves, mi corazón se dilata para transformarse en ti... Amor, amor, que de esta suerte me has herido, yo no puedo proferir sino un grito, que es: amor. Yo estoy atado a ti, amor. ¡Amor, amor, que me has herido de tal suerte, mi corazón se desmaya siempre de amor, mi corazón se pasma de amor! Por caridad, déjame morir de amor..."

Teófilo se había detenido para oír aquellas palabras que el juglar recitaba en el silencio sombrío del atardecer.

—¡Cuán bello es lo que dices! —exclamó.

En seguida, con tono de súplica, le pidió que se lo repitiera.

Y en la penumbra violeta, el himno franciscano subió otra vez hacia el cielo, con sus alas vibrantes de pasión insaciable y de divina demencia.

—El amor —murmuraba el duque al emprender de nuevo su camino—, siempre el amor...

El juglar, reanudando el hilo de sus aventuras, continuó diciendo:

—Una noche, en una ciudad de la Acaya, después de beber en compañía de algunas barraganas y de cuatro o seis capitanes, mi amo, al volver a casa, me preguntó si en mi estupidez oriental era yo capaz de comprender lo que significaba el Cántico del Amor de nuestro señor san Francisco, que tan a menudo me hacía leerle.

Y sin dejarme tiempo para contestarle, exclamó:

—No; en tu baja condición de herético no puedes comprender lo que tus labios recitan, porque ignoras que para nuestro padre de Asís, como para todos los santos, el amor no es lo mismo que para los pecadores. Y cuando él dice "amor", no habla del amor de las mujeres, sino del amor de Dios.

Yo le dije:

—No hay dos amores. No hay más que un amor. El que siente nuestro padre Francisco, arrodillado ante Jesús, es el mismo que experimentan Paolo entre los brazos de Francesca y Tristán a los pies de Iseo...

En mi calidad de juglar, he tenido que leer todos los poemas del Oriente y del Occidente para poder entretener con mis rapsodias a los que me escuchan. Y en mi ánima os juro que, lo mismo en las almas de los santos que en las de los legos, he visto siempre una sola y única llama, que es el amor.

Irguiéndose airado, aquel hombre que acababa de mancharse las manos acariciando a una manceba, me preguntó:

—¿Eres tú capaz, en tal caso, de confundir los anhelos divinos del fundador de nuestra Orden con las viles frases del que en una posada hace la corte a una mujer cualquiera, encendido en deseos carnales?

—No —le dije—; no soy capaz de semejante blasfemia.

En este punto, mi patrón, a quien adoro como vos al vuestro, es un joven poeta del Occidente, cuyas canciones he traducido al griego, y que sabe, pintando el sentimiento que por su amada experimenta, expresar lo que es el amor verdadero, absoluto, divino aun siendo humano, espiritual aun estando inspirado por la belleza carnal, el único amor, en fin.

Ese poeta es un florentino que se llama Dante Alighieri.

Mi amo me gritó airado:

—¿Qué significa todo lo que dices?

—Significa —le repliqué— que no hay dos, ni tres, ni diez amores entre los cuales uno sea de esencia superior a los otros, sino uno solo, que nos hace iguales a nuestro Creador, puesto que, gracias a él, somos capaces de elevarnos hasta lo más sublime del gozo y de crear seres a nuestra imagen y semejanza.

Un san Francisco pone en la pobreza tal pasión, que llega a verla con formas adorables, y una santa Clara se pasma a los pies de Jesús, llamándolo "amado", lo mismo que un amante o un esposo desfallece de bienaventuranza entre los brazos de su amada.

Al oír estas últimas palabras, aquel fraile se irritó de tal manera y se descompuso a tal punto, que me arrepentí de haberle contestado, y quise, cobardemente, desdecirme.

Pero él no me dejó tiempo para hablar y, dándome golpes con los puños, me gritaba:

—¡Maldito, blasfemo, réprobo, que tratas de empañar con tu aliento hediondo la gloria de san Francisco!

Y hasta que no me vio sin sentido en el suelo, no pareció calmarse.

Entonces comprendí que, puesto que quedándome en aquella servidumbre me exponía a cada instante a sucumbir como un perro apaleado, mejor era exponer una buena vez la existencia para tratar de recobrar la libertad.

Dos días después, aprovechando una ausencia del fraile, me embarqué en el puerto del Pireo disfrazado de mercader y vine hasta aquí, donde desembarqué anoche.

Hubo un nuevo silencio entre aquellos dos hombres que marchaban lentamente encaminándose hacia el puerto.

Al fin, Teófilo dijo a su compañero:

—Yo me voy a embarcar en la primera nave que consienta en llevarme hacia donde mi destino me conduce. Tengo prisa...

—Permitidme que os acompañe —murmuró el juglar con voz suplicante.

—No es posible —le contestó el conde—, no es posible.

Los laicos no pueden penetrar en el lugar adonde yo voy. Además, puesto que la Providencia te pone a estas horas supremas en mi camino, es, sin duda, porque quiere que permanezcas al lado de mi esposa hasta mi regreso y que le hables de mí sin cesar...

—Hasta pronto...

—Hasta pronto, señor...

Sin volver la cara, los dos hombres siguieron su camino, cabizbajos, con las mejillas humedecidas por las lágrimas...

A la memoria de Teófilo acudía el recuerdo de otra tarde igual, ya lejana, en que había emprendido el mismo camino, con el pecho preñado de remordimientos y de deseos de penitencia.

"Lo mismo que entonces" —pensó—.

Pero pronto se dio cuenta de que, lejos de llevar ahora, como antes, una pena inmensa, iba cargado de bienaventuranza y de regocijo.

Su futuro ministerio de simple lector del Evangelio le aparecía como la más sublime de las misiones, puesto que, gracias a tan humilde tarea, sus hermanos abandonarían los cilicios y las congojas, para comulgar en la dulzura amorosa de la verdadera doctrina.

"La sonrisa de Jesús me acompaña" —dijo al encontrarse en el muelle.

Y después de entregar un puñado de escudos a un piloto fenicio, saltó al puente sórdido de la nave.

Cuando, algunas semanas más tarde, los emisarios de Eudosia, encargados de buscar por todo el Oriente a su esposo, desembarcaron en el Monte Athos, en las inmediaciones del monasterio de Lavra, no tardaron en encontrar el cadáver del conde Teófilo en un barranco de la costa, al pie de los acantilados de Kapsokaliva, donde sólo se veían grutas de anacoretas y cabañas de cenobitas.

Las informes heridas de su rostro demostraban que el infeliz evangelista del amor había sido lapidado.

Su noble frente, cubierta de sangre coagulada y negra, inspiró horror y lástima a los bizantinos, entre los cuales se hallaban el duque Anastasio Cantacuceno y el juglar de los cabellos rubios.

Pero, de pronto, uno de ellos, al inclinarse para recoger una de las piedras del martirio, exclamó, cayendo de rodillas:

—¡Mirad, mirad!...

Entonces, los demás, viendo que un resplandor áureo nimbaba de luz la cabeza inerte, se postraron también ante los despojos del bienaventurado Teófilo Constantino Níforos, y devotamente le besaron los pies descalzos...

ÍNDICE